Krigen vi aldri kan glemme

Paul Engstad

Krigen vi aldri kan glemme

Norge 9. april – 9. juni 1940

Tiden Norsk Forlag

Produsert i regi av Boksenteret A/S
Omslagsdesign: Øyvind Skagmo, Boksenteret
Omslagsillustrasjon: Axel Revold: Narvik 1940. (Foto: O. Væring.)
Printed in: Tangen Grafiske senter, Drammen, 1990

ISBN 82-10-03284-4

Innhold

Forord

Krigen i 1940 laget et vannskille i norsk historie. I 126 år hadde Norge vært utenom krigene i Europa. Norge var i 1940 bare 35 år gammel som en moderne, uavhengig stat. Vi trodde – eller håpet – at vi igjen skulle forbli nøytrale og holdes utenfor kampsonen. For vår store handelsflåte og sjømennene var situasjonen annerledes. Som under første verdenskrig ble norske sjøfolk rammet av krigshandlingene fra første stund.

9. april 1940 våknet vi opp til en ny virkelighet. I likhet med de andre vestlige land var vi ikke forberedt. Den nazistiske bølgen veltet inn over vårt land.

Det tok ikke mange minuttene for norske myndigheter å si nei til overgivelse og underkastelse. Regjeringen erklærte om morgenen 9. april at den ville kjempe mot inntrengerne. Et døgn senere gjentok regjeringen sitt nei til tyskernes krav. Kong Haakon ga en følelsesladet fremstilling av sitt syn på den alvorlige situasjonen. Dette ble kjent som «Kongens Nei».

Trass i dårlige forberedelser, lite utstyr og stor forvirring kjempet de norske styrkene bra. Hitler trodde han skulle klare å erobre Norge i løpet av noen få dager, for så å starte sin krig mot Vestmaktene. Det gikk ikke helt etter oppskriften. I 62 dager sloss norske styrker med hjelp fra britiske, franske og polske avdelinger. Men overmakten ble for stor, og de allierte trakk ut sine styrker i Narvik-området etter det tyske angrepet på Frankrike. Natt til 10. juni måtte Norge kapitulere.

Denne boken handler om viktige begivenheter i de 62 dagene. Den gir ikke de mange, viktige og rike detaljene i de historiske ukene. Boken er ment som et sammendrag og en oversikt over de dramatiske hendelsene.

Den tar først og fremst sikte på å fortelle de unge hvordan situasjonen var. Størstedelen av det norske folk er født etter 1945. Men også for den eldre garde vil det være nyttig å se tilbake på Norges nære historie.

For alle dem som opplevde krigen enten som barn eller ungdom, vil den for alltid være: Krigen vi aldri kan glemme.

Paul Engstad

Adolf Hitler.
(Foto: NTB.)

Forspillet

Adolf Hitler var født i Østerrike i 1889. I ungdomsårene forsøkte han å slå igjennom som kunstner uten særlig hell. Under første verdenskrig deltok han som frivillig på tysk side. I de urolige og vanskelige årene etter krigen kom han inn i en ytterliggående høyreaktivistisk gruppe i Bayern som agiterte mot fredsoppgjøret etter første verdenskrig, den internasjonale kapital og mot jødene. Sammen med noen få nære forbundsfeller dannet han det tyske nasjonalsosialistiske arbeiderparti (Nationalsozialistische Deutsche Arbeiterpartei (NSDAP)). Hitlers gruppe forsøkte å tilrane seg makt ved et kupp i 1923. Han ble dømt til fem års fengsel, men slapp ut etter ett år.

I de økonomiske katastrofeårene omkring 1930 fikk hans parti oppslutning fra mange desillusjonerte arbeidsløse og også blant enkelte storkapitalister. Men særlig var det middelklassen som nå samlet seg om Hitler. Ved presidentvalget i 1932 fikk hans parti 36 prosent av stemmene. Et frekt og dristig framstøt førte til at Hitler ble rikskansler i januar 1933. En medvirkende årsak til at Hitler klarte å overta makten, var at den tyske arbeiderbevegelsen var sterkt splittet.

Hitler tok i bruk en taktikk som kom til å kjennetegne nazistene. De brukte innsmigring, trusler, terror, propaganda og mord for å nå sine mål. Da partiet kom til makten, opprettet nazistene fangeleire, hvor de plasserte folk som var i opposisjon. Etter hvert utviklet de disse fangeleirene til dødsleire.

Hitler bygde sin politikk på at han skulle ta hevn overfor den ydmykende fredsavtalen som tyskerne hadde måttet inngå i Versailles i 1918. Han utviklet teorier om at den germanske rasen var alle andre raser overlegen. Drømmen om å opprette det stortyske rike krevde livsrom – *Lebensraum.* Hitler ønsket å utvide Tyskland østover. Hans drøm var å samle «alle av tysk blod». Samtidig skulle tyskernes framstøt østover være et korstog mot kommunismen. Tyskland må enten være en verdensmakt eller opphøre å eksistere, var hans ledetråd.

Like etter at han overtok makten, startet han militær opprustning. Han tok ikke hensyn til de begrensninger og forbud som Versailles-traktaten fastsatte. De europeiske nasjonene reagerte ikke så sterkt til å begynne med. Dels var de opptatt av sine egne store økonomiske og politiske problemer, dels tok de ikke Hitler helt alvorlig.

Lebensraum

I mars 1936 startet Hitler for alvor utvidelsen av det tyske riket. Ved et kupp overtok han Rhinland. Hitler tok her en stor sjanse, men hans teorier slo til. Vestmaktene var uforberedt, splittet og opptrådte unnfallende. De gikk ikke til mottiltak.

Dette ga ham blod på tann. To år senere marsjerte de tyske styrkene inn i Østerrike, hvor de ble møtt av jublende folkemasser. Hitler arrangerte en folkeavstemning hvor folket med stort flertall bekreftet anneksjonen – eller *Anschluss* – som tyskerne kalte det.

Trass i forsikringer om at han ville respektere den voldgiftstraktaten han hadde inngått om Tsjekkoslovakia, økte han presset mot dette landet. Hitler utnyttet også misnøyen hos den tyske minoritetsbefolkningen.

Storbritannias og Frankrikes støtte til Tsjekkoslovakia var halvhjertet. De gikk med på Mussolinis initiativ om en konferanse i München for å drøfte forholdet til Tsjekkoslovakia. Der møttes Mussolini, Hitler, den britiske statsminister Neville Chamberlain og den franske statsminister Edouard Daladier. 29. september undertegnet de en avtale om at Tsjekkoslovakia skulle avstå fire sudetområder til Tyskland.

Chamberlain var stolt av Münchenforliket. Da han kom hjem til Storbritannia, viftet han med avtalen og erklærte «Fred i vår tid» i Europa.

Denne ettergivelsen – appeasement – skulle få katastrofale følger for Europa og hele verden.

Ved hjelp av trusler og press og en slovakisk bevegelse som søkte støtte hos Hitler, ble den tsjekkiske stat oppdelt og opphørte å eksistere i mars 1939.

Hitler tvang også den litauiske regjering til å avstå Memel-området, hvor de fleste innbyggerne var av tysk ætt.

Hitler og nazistenes selverklærte nasjonalitetsprinsipp hadde ført fram. Tyskland var utvidet betraktelig uten at Vestmaktene hadde gått til mottiltak.

Dette vakte stor bekymring i de vestlige kretser, som inntil da hadde vært ettergivende overfor Hitler. Vestmaktene søkte å skape en felles front mot videre tysk ekspansjon. Man rustet nå kraftig opp. Polens vestgrense ble garantert, og Vestmaktene lovte å støtte Polen i tilfelle tysk angrep.

Aksemaktene

Benito Mussolini organiserte den fascistiske bevegelsen i Italia. I 1922 marsjerte han mot Roma med 200 000 mann og dannet regjering. Fra 1925 dannet han et «korporativt» diktatur basert på den fascistiske bevegelsen og sentraldirigerte næringsorganisasjoner.

Mussolini hadde store ideer om å utvide Italias maktområde. I 1935-36 gikk han til angrep på Etiopia, som tidligere hadde vært italiensk koloni. Han innlemmet Etiopia i italiensk Øst-Afrika. I påsken 1939 erobret han Albania.

Mussolini og Hitler samarbeidet etter hvert meget nært. Italienske og tyske styrker deltok i den spanske borgerkrigen 1936-39. I mai 1939 ble samarbeidet mellom Tyskland og Italia befestet i en «stålpakt». Japan, som hadde satt i verk en sterk ekspansjonspolitikk i det fjerne Østen, ble også med i denne pakten. De tre land utgjorde det som ble kalt Aksemaktene.

Polen

Hitler hadde nå nådd så langt i sin ekspansjonspolitikk at han var klar til det store framstøtet østover. Men han trengte å sikre seg mot at Sovjetunionen gikk til angrep. Storbritannia og Frankrike, de allierte, var nå blitt meget bekymret over Hitlers politikk. De ønsket å få med seg Sovjetunionen i en samarbeidsavtale mot Tyskland, men ville ikke gi Sovjetunionen for frie hender i Øst-Europa, og ble overlistet av Hitler. Han sendte sin utenriksminister Ribbentrop til Moskva. De to erkefiendene inngikk en ikke-angrepsavtale. Det kom som en meget stor overraskelse for hele verden og et fryktelig sjokk for de allierte.

1. september 1939 rykket tyskerne

EKSTRA-UTGAVE

Oslo Nyheds- og Avertissements-Blad

Morgenposten

Fredag 1. september 1939
Løssalg 15 øre, lørdager 25 øre.

Hitler erklærer krig.

«Tyskland ser sig nødt til å bruke makt mot Polen!»

heter det i en dagsbefaling som Hitler har utstedt til den tyske forsvarsmakt fredag morgen kl. 5.

Fra Berlin telegraferes kl. 6 idag:

Dagsbefalingen lyder slik:

Den polske stat har avvist den fredelige ordning av naboforholdet som jeg har søkt å opnå og har istedet appellert til våbnene.

Tyskerne i Polen forfølges med blodig terror og drives fra hus og hjem. En rekke grensekrenkelser som er utålelige for en stormakt beviser at Polen ikke lenger er villig til å respektere den tyske riksgrense. For å gjøre en slutt på dette vanvid står det ikke noe annet middel tilbake for mig enn fra nu av å sette makt mot makt.

Den tyske forsvarsmakt vil føre kampen for det gjenopståtte tyske folks ære og livsrettigheter med hård beslutsomhet. Jeg venter at enhver soldat vil opfylle sin plikt til det siste i minnet om den evige tyske soldaterstands store tradisjoner. Husk at dere alltid og i alle situasjoner er representanter for det nasjonalsocialistiske Stor-Tyskland.

Leve vårt folk og vårt rike!

inn i Polen under påskudd av at Tyskland var blitt angrepet av polske styrker. Den tyske krigsmaskinen var godt trenet og forberedt. Den rykket raskt fram.

De allierte forlangte at tyskerne skulle trekke seg ut av Polen innen ettermiddagen 3. september. Hvis ikke dette skjedde, ville de allierte erklære krig. Det kom ingen beskjed fra Tyskland om tilbaketrekning. Storbritannia og Frankrike befant seg i krig med Tyskland.

Noen dager etter gikk sovjetiske styrker inn i Øst-Polen og besatte områdene der. Dette var i tråd med den hemmelige avtalen Stalin hadde inngått med Hitler. Dermed var Polen delt og opphørte å eksistere som egen stat.

Det var også i tråd med avtalen at Sovjetunionen annekterte de tre selvstendige statene Estland, Latvia og Litauen og innlemmet dem i systemet av sovjet-republikker.

Annen verdenskrig var i virkeligheten i full gang.

Norge

Den norske regjeringen erklærte straks sin nøytralitet, akkurat som i første verdenskrig. Det var ikke tvil om at størsteparten av det norske folk tok avstand fra nazismen og de tyske herjingene. Like klart var det at man ønsket å holde landet utenfor krigen.

Den britiske regjering ønsket at de små land – også de nøytrale – skulle delta i den økonomiske krigføringen mot Tyskland. Tyskerne presset på for å få de små land til å rette seg etter tyske ønsker.

Både britene og tyskerne arbeidet med planer om å få herredømme over norskekysten. Med baser og flyplasser i Norge kunne de beherske situasjonen i Nordsjøen bedre og samtidig ha lettere adgang til Atlanterhavet. Tyskerne anså det som en flanketrussel hvis britene skulle få sette seg fast i Norge.

Malmtransporten fra Narvik hadde også stor strategisk betydning. Skipene gikk i norsk territorialfarvann og var dermed beskyttet mot angrep. Britene ønsket å stoppe denne viktige transporten, tyskerne å opprettholde den.

Den finsk-sovjetiske vinterkrigen, som brøt ut 30. november 1939, fikk også betydning for Norge. Sovjetunionen gikk til angrep på Finland fordi finnene ikke ville imøtekomme kravene om grensereguleringer og militære støttepunkter. Finnene forsvarte seg heltemodig og påførte de sovjetiske styrkene store tap.

Franskmennene og britene arbeidet med planer om å komme finnene til hjelp. De undersøkte muligheten for å sende tropper via Narvik og Kiruna, som de da ville skaffe seg herredømme over. Disse planene ble avvist av Sverige og Norge, og ble ikke gjennomført. Det var særlig den franske regjering og den britiske marineminister Winston Churchill som ønsket militære aksjoner mot den skandinaviske halvøy. Flertallet i den britiske regjering var mer betenkte og nølende.

Presset øker

Også på tysk side var det marinen som tidligst og sterkest ønsket å sikre seg norskekysten. Den tyske marineledelsen fikk en kjærkommen norsk støttespiller. I desember 1939 besøkte Vidkun Quisling Berlin og hadde to samtaler med Hitler. Quisling fikk Hitler til å interessere seg for å skaffe seg herredømme over Norge. Hitler brydde seg ikke så mye om Quislings ønske om selv å spille en rolle, men han fikk satt i gang en studie om et angrep på Norge (se Operasjon Weserübung side 14).

«Altmark»-saken

To episoder kom til å spille en stor rolle for den videre utvikling. Den ene skjedde i desember 1939, idet tre allierte skip ble senket utenfor norskekysten. Britene hevdet at det var tyske ubåter som hadde torpedert skipene, og at det hadde skjedd innenfor norsk territorialgrense. De truet med å ta forholdsregler for å beskytte britisk skipstrafikk i norsk farvann. Regjeringen og kong Haakon henstilte til den britiske regjering om ikke å foreta seg noe som ville trekke Norge inn i krigen. Britene rettet seg etter henstillingene.

Den andre episoden vakte mye større oppmerksomhet utad. Den ble senere kalt «Altmark»-saken.

Det tyske fartøyet «Altmark» var hjelpeskip for det tyske panserskipet «Admiral Graf Spee». «Altmark» hadde 303 britiske sjøfolk om bord. De var blitt tatt til fange etter at britiske handelsskip var blitt senket.

«Altmark» kom inn i norsk farvann ved Trondheim i februar 1940. Tre ganger ble det visitert av norske nøytralitetsvakter, men de kunne ikke foreta seg noe, og lot fartøyet fortsette sørover.

Da skipet befant seg utenfor Jæren,

Det tyske fartøyet «Altmark» ble tvunget til å gå inn i Jøssingfjorden. Britene gikk til angrep og befridde vel 300 britiske sjøfolk som var tatt til fange av tyskerne. Senere under krigen ble «jøssing» betegnelse på nordmenn som var mot den tyske okkupasjonsmakt og Nasjonal Samling. (Foto: NTB.)

Forsikringsaktieselskabet
SKANDIA
Stockholm
BRAND-
forsikring.
Hovedkontor for Norge
O. KIERULF.
Akersgaten 18.
Agenter ansettes

Iaften 8 sider

Løssalg 20 øre

Aftenposten

HVEM
HVAD
HVOR
Spør efter denne utmerkede og billige kunnskapskilde hos bokhandlerne eller i aviskioskene.

Nr. 89 : Aftennr. | Oslo, lørdag 17. februar 1940 | Aftennr. | 81. årg.

Engelsk krysser border tysk skib i norsk farvann.

Det hadde 400 britiske fanger ombord som krysseren bemektiget sig.

Norges regjering protesterer i London, krever erstatning og fangenes utlevering.

Utenriksdepartementet meddeler:

Den 16. februar om eftermiddagen var den tyske damper «Altmarkt» under eskorte av en norsk torpedobåt på norsk sjøterritorium. Kl. 16.30 søkte to engelske jagere ved varselskudd å stoppe «Altmarkt» i nærheten av Fokksteinene. Den norske torpedobåt nedla protest mot jagernes optreden. «Altmarkt» gikk inn i Jøssingfjorden og jagerne fulgte efter og la sig i fjorden. Efter ny protest fra den norske torpedobåt trakk den engelske styrke, som nu var øket til en krysser og fem jagere, sig utenfor tremilsgrensen.

En tid senere gikk en jager allikevel inn på sjøterritoriet kloss ved land og brukte lyskastere.

Kl. 23 passerte den engelske krysser inn i fjorden og entret «Altmarkt». En del britiske borgere på «Altmarkt» blev tatt ombord i det britiske skib hvorefter dette gikk ut. De norske vaktskib, nemlig to små torpedobåter, kunde bortsett fra energisk protest intet utrette overfor den overveldende britiske overmakt.

Norsk protest.

Den norske regjering har idag anmodet legasjonen i London om å meddele foranstående til den britiske regjering og nedlegge alvorlig protest mot denne grove krenkelse av Norges sjøterritorium, som har ...

Egersund, 17. februar.

(NTB.) Om affæren med det tyske skib «Altmarkt» meddeles nu at skibet, som er på 17.000 tonn, passerte Egersund igår og hadde da to norske loser ombord. De norske vaktskib gikk ut og fulgte et stykke. Det viste sig senere 5—6 engelske ...

3—400 fanger.

Fem tyskere drept

Under Kronprinsens ledelse.

„Altmark" var hjelpeskib for „Admiral Graf von Spee", hevder England.

Oslobåten „Segovia" må ansees totalforlist.

22 sjøfolk og 1 passasjer omkommet.

Et annet tysk skib brent ved Lista.

Sumner Welles reiser idag.

Russerne hevder å ha tatt nye stillinger på det Karelske Nes.

Deriblandt stasjonen Kämärä.

Finnene bombarderer russernes jernbaner.

mandag 26. februar 1940

„Altmark" flott.

Vi bringer her et billede av «Altmark» efter at den forleden dag kom av ved egen hjelp. Isen ligger ennu tykk her inne i Jøssingfjorden.

Like efter at «Altmark» var kommet av grunnen klov en fotograf op over det bratte fjellet rundt Jøssingfjorden for å få et godt oversiktsbillede av situasjonen. «Altmark» ligger inne bak odden midt på billedet. Skibet ute på fjorden er en norsk vaktbåt.

ble det oppdaget av britiske fly, og en britisk flåtestyrke med jageren «Cossack» fulgte etter «Altmark». Da det tyske skipet søkte tilflukt i Jøssingfjorden i Sokndal nesten på grensen mellom Rogaland og Vest-Agder, fulgte «Cossack» etter. Britene bordet «Altmark», og etter en skyteepisode ble «Altmark» overmannet. De 303 sjømennene ble overført til «Cossack», som stevnet ut fjorden og over til England.

Operasjon Weserübung

Hitlers opprinnelige planer gikk ut på først å slå Vestmaktene og deretter Sovjetunionen. Han forutså at de nordiske land ville holde seg nøytrale.

«Altmark»-saken gjorde imidlertid et sterkt inntrykk på Hitler. Etter hans mening viste den at nordmennene ikke kunne forsvare sin nøytralitet. Dessuten mente han at tyskerne måtte skaffe seg kontroll over Norge før britene. Det gjaldt å beherske norskekysten for å kunne komme seg ut i Atlanterhavet. Dessuten måtte malmtrafikken fra Narvik bli sikret.

20. februar 1940 utnevnte han general Nicolaus von Falkenhorst til å legge fram et forslag om hvordan han ville besette Norge. von Falkenhorst visste ingenting om Norge. Han kjøpte seg en reisehåndbok for å gjøre seg kjent med landet.

3. mars bestemte Hitler at Norge og Danmark skulle besettes. Noen dager etter at Danmark og Norge var under kontroll, ville han sette i gang felttoget mot Vestmaktene.

Planen ble ikke bare godt mottatt blant de tyske militære ledere. Mange mente at den overlegne britiske marinen kunne tilføre den tyske marinen altfor store tap på et tidlig tidspunkt av krigen.

Hitler ga ordre om at operasjonen skulle settes i verk 15. mars, men isen i Østersjøen hindret igangsettelsen.

Britene og franskmennene ble etter mye diskusjon enige om å legge ut miner i norske farvann og ved Rhinens utløp. 5. april satte mineleggerne kurs mot Norge, hvor de skulle legge ut minene 8. april. Men det var ikke hensikten å sette seg fast i Norge, og de fleste regnet med at tyskerne ikke ville våge å utfordre den sterke britiske marinen. Britene forberedte seg imidlertid på en slik eventualitet, men først om ettermiddagen 8. april ble de klar over at et tysk angrep på Norge var i gang.

General Nicolaus von Falkenhorst ble utpekt til å lede det tyske felttoget i Norge.

Tyske transportskip med drivstoff, våpen og ammunisjon gikk fra tyske havner 3. april. I dagene etter fulgte krigsskipene. De stevnet for full fart nordover.

Et av transportskipene, «Rio de Janeiro», ble senket av en polsk ubåt utenfor Lillesand. De tyske soldatene som ble brakt i land, fortalte at de skulle til Bergen etter anmodning fra den norske regjering for å hjelpe nordmennene mot britisk angrep. Tyskerne fryktet for at hele operasjonen var oppdaget. De var også spente på om den britiske mineleggingen ville hindre operasjonen. Men alt gikk slik tyskerne hadde planlagt. Om kvelden 8. april lå de tyske skipene i sine posisjoner. En av de dristigste operasjoner i krigshistorien var klar til å settes i gang.

Opptakten

Natt til 8. april forlot krysseren «Blücher» Kielerbukta. Krysseren var bare noen måneder gammel og var den tyske marinens stolthet. Den var på 12 200 tonn og kunne gjøre en fart på 32,5 knop. Om bord hadde den en besetning på 1600 mann og om lag 1000 soldater. Den stevnet med full fart mot Oslo fulgt av blant andre krysserne «Emden» og «Lützow», foruten tre torpedobåter.

Planen var at «Blücher» skulle legge til kai i Oslo kl. 05.00 om morgenen. Der skulle marineattaché Schreiber vente på den og hjelpe de om lag 2000 soldatene som skulle besette byen. Blant mannskapene var von Falkenhorsts øverste stab og nøkkelpersonale som skulle overta administrasjonen av hovedstaden. Dessuten hadde man med seg et musikkorps som skulle spille utenfor Slottet for å berolige Kongen og byens befolkning.

Det skulle forhindres at Kongen og regjeringen fikk gitt ordrer om motstand, og de skulle ikke unnslippe hovedstaden eller få rømme landet.

Hitler satte inn om lag 12 000 mann i denne første hurtige angrepsbølgen. 1200 moderne tyske fly og nesten hele den tyske marinen ble stilt til rådighet. Mannskapene skulle sikre herredømme over Oslo, Arendal, Kristiansand, Egersund, Bergen, Trondheim og Narvik. Deretter skulle 50 000 mann og 15 000 kjøretøyer fraktes dels med skip og dels med fly. De tyske skipene skulle gi seg ut for å være britiske.

Løssalg: 15 øre.

Lofotposten

— HELE NORD-NORGES AVIS —

Nr. 81 | Grunnlagt av Joh. E. Paulsen. | Svolvær mandag 8. april 1940. | Redigert av Johan A. Paulsen. | 45. årg.

Vestmaktene blokerer Norges kyst.

På tre steder er lagt ut minefelter for å stoppe alle tilførsler til Tyskland.

Mineutleggingen skal ikke hindre norske skib i å gå inn til norske havner.

Tyskland er beredt til å forsvare sine interesser.

Oslo, igår.

I en kringkastingsmeddelelse idagmorges har den britiske og den franske regjering meddelt, at de forbeholder sig rett til å ta de forholdsregler som de finner nødvendige for å hindre Tyskland i å få tilførsler gjennem eller andre fordeler av Norge.

De to regjeringer har derfor besluttet å forby bruken av norske territorialfarvann for skib som har kontrabande ombord.

De to regjeringer gir oplysning om at tre felter innenfor norske territorialfarvann er gjort farlige for skibsfarten ved at der er lagt ut miner der, og erklærer at skib som går inn i disse felter gjør det på egen risiko.

For å hindre at norske eller andre skib kommer inn i disse felter uten varsel, vil feltene bli avpatruljert av britiske krigsskib i et tidsrum av 48 timer efter utleggingen av den første mine.

Kringkastingsmeldingen tilføier at de allierte aldri vil følge Tysklands eksempel i brutal maktanvendelse.

Mineleggingen vil ikke legge hindringer iveien for norske skib som skal gå inn til norske havner, slutter den britiske kringkastingsmelding.

All trafikk over Vestfjorden stoppet.

Minefeltet strekker sig fra Landegode og over mot Lofoten.

Kystrutefarten mellem Nord- og Syd-Norge fullstendig lammet.

Oslo, idag.

I den meddelelse som den franske og den britiske regjering har sendt den norske regjering, offentliggjort idag, heter det at den franske og den britiske regjering har bestemt å nekte fienden rett til fortsatt å gjøre omfattende bruk av norske territorialfarvann og har besluttet å hindre fri passasje gjennem norsk territorialfarvann av skib som transporterer krigskontrabande.

Miner er derfor lagt ut på følgende steder på den norske kyst: Stattlandet, Bud på Hustadvika og i Vestfjorden.

I formiddag klokken 10 trådte regjeringen og Stortingets utenrikskomité sammen for å drøfte situasjonen.

På bakgrunn av ovenstående telegram har admiralstaben meddelt sjøforsvarskommandoen for Nord-Norge, havnefogder og ekspeditører, at all trafikk over Vestfjorden inntil videre skal stoppes.

Selv ikke for trafikk langs land blir der gitt tillatelse til passasje.

Ved henvendelse til tredje sjøforsvarsdistrikt oplyser kaptein Kiær at det som har foregått her i distriktet er, at all trafikk over Vestfjorden foreløbig er blitt stoppet. Ordren gjelder alle skib, både hurtigruteskib og lokalskib. Hvor lang tid det vil vare, er det ikke godt å si noe om. Men i mellemtiden blir Nord-Norge helt avskåret fra Syd-Norge.

Efter hvad Lofotposten har bragt i erfaring på annet hold strekker det britiske minefelt i Vestfjorden sig fra Landegode og over mot Lofoten. Innenfor Landegode er ingen miner lagt ut.

I Vestfjorden er mineområdet begrenset av den norske kyst og linjen mellem følgende punkter:

1. 67 grader 24 minutter 40 sekunder nord bredde, 14 grader 34 minutter 0 sekunder øst lengde.
2. 67 grader 27 minutter 30 sekunder nord bredde, 14 grader 24 minutter 0 sekunder øst lengde.
3. 67 grader 28 minutter 55 sekunder nord bredde, 14 grader 6 minutter 45 sekunder øst lengde.
4. 67 grader 33 minutter 55 sekunder nord bredde, 13 grader 51 minutter 30 [illegible] lengde.
5. 67 grader 37 minutter 55 sekunder nord bredde, 14 grader 2 minutter 15 sekunder øst lengde.
6. 67 grader 26 minutter 20 sekunder nord bredde, 14 grader 38 minutter 30 sekunder øst lengde.

Forbindelsen mellem det sydlige og det nordlige Norge er som bekjent stengt landverts, idet Saltfjellveien er sperret av sne og is.

Til Troms og Finnmark kan man få forbindelse med det sydlige Norge gjennem Sverige over Ofotbanen.

All kysttrafikk er på denne måte fullstendig lammet.

Der gikk imorges forlydender i Bodø om at man inatt hadde hørt kanonade på Nordstranden i Bodin ute fra Vestfjorden. Men dette er ikke blitt bekreftet.

Nytt kvartal er begynt. Forny abonnementet straks så De undgår stans i forsendelsen. 4 kroner kvartalet. 1.50 for måneden.

Hitler satset sitt meget dristige angrep på tre hovedpunkter:

1. Overraskelsesmomentet.
2. Det overlegne tyske flyvåpenet skulle avskrekke britene fra å sette inn

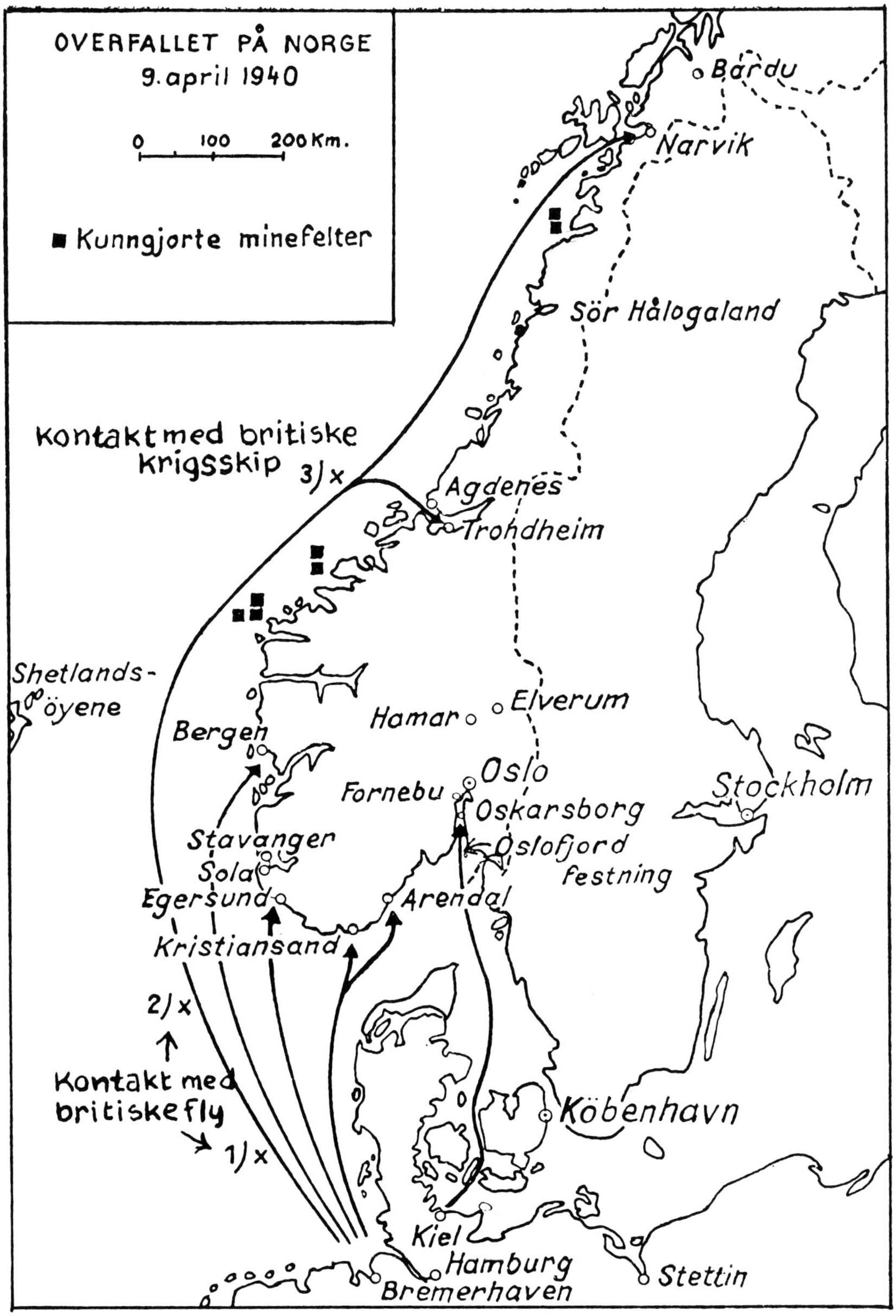

OVERFALLET PÅ NORGE
9. april 1940
0 100 200 Km.
Kunngjorte minefelter
Bardu
Narvik
Sör Hålogaland
Kontakt med britiske krigsskip
3) x
Agdenes
Trondheim
Shetlands-öyene
Elverum
Hamar
Bergen
Oslo
Fornebu
Oskarsborg
Stockholm
Stavanger
Oslofjord festning
Sola
Egersund
Arendal
Kristiansand
2) x
Kontakt med britiske fly
1) x
København
Kiel
Hamburg
Bremerhaven
Stettin

sine store flåtestyrker i Skagerrak og Nordsjøen.

3. Den norske forsvarsberedskapen var svak, og Hitler antok at også motstandsviljen var dårlig eller lett ville kunne knekkes.

Natten til 9. april lå alle tyske skip utenfor de aktuelle havnebyene i Norge. Britiske fly hadde oppdaget dem og forsøkte å bombe dem uten nevneverdig resultat. De utlagte minene var heller ingen hindring. Tyskerne lå klar til å angripe.

«Der Kampf ist schon im Gange»

Tidlig om morgenen 8. april fikk utenriksminister Halvdan Koht melding om at britiske fartøyer hadde lagt ut miner i norsk farvann slik at tyske malmskip med last fra Narvik ikke skulle kunne passere.

Statsminister Johan Nygaardsvold fikk i stand et møte i Stortingets utenrikskomité. Den kom sammen klokka 10, og møtet varte til klokka 11.30. Klokka 17 ble det holdt et åpent møte i Stortinget hvor utenriksministeren redegjorde. Det varte om lag en halv time. Deretter ble det holdt et lukket møte i Stortinget som ikke var over før klokka 21. Først deretter hadde regjeringen et møte, som for øvrig var av kort varighet. Det var den britiske mineleggingen som bekymret. Et tysk angrep ble sett på som utenkelig, selv om enkelte uklare og ufullstendige varsler om et slikt var blitt mottatt av utenriksledelsen i aprildagene.

Like over midnatt gikk flyalarmen i Oslo. Regjeringsmedlemmene kom seg fram til Utenriksdepartementet på Victoria Terrasse. Lyset var borte, og møtet ble holdt i skinnet fra stearinlys.

Mens de holdt møte utover natta, mottok de mange meldinger om tyske skip på vei inn til norske havner. Regjeringen gjorde vedtak om mobilisering. Det har stått stor strid om omfanget av mobiliseringsordren som gikk ut 8. og 9. april og hvorfor uklarheter oppstod. Da utenriksminister Koht ble intervjuet av NTB på Østbanen kl. 07.00, brukte han uttrykket «full mobilisering». Radioen gjentok intervjuet med Koht.

Den tyske ambassadør Curt Bräuer meldte seg i Utenriksdepartementet kl. 04.30. Han hadde med seg et ultimatum på 19 sider med krav om at Norge skulle overgi seg. Hvis ikke ville landet bli påført store skader.

Utenriksministeren ville legge kravet fram for regjeringen. Bräuer tillot dette under protest. Koht sa til Bräuer idet han gikk inn i siderommet til re-

Aftenposten

Nr. 177 : Aftenn. | Oslo, tirsdag 9. april 1940 | Aftenn. | 81. årg.

Tyskerne rykket inn i Oslo idag.

Bergen, Trondheim, Stavanger, Kristiansand, Horten, Narvik og flere andre byer besatt.

En erklæring fra den tyske minister.

STORTINGET OG REGJERINGEN forlot tidlig idag morges Oslo for å ta sete i Hamar. Statsminister Nygaardsvold har reist opover i bil på forhånd.

Norsk Telegrambyrå hadde en kort samtale med utenriksminister Koht like før avreisen. Utenriksministeren fortalte at han idag morges kl. 5 fikk besøk av den tyske minister som både skriftlig og muntlig gav uttrykk for at Norge ikke burde gjøre motstand når tyskerne nu hadde landsatt tropper på enkelte viktige steder i Norge. Han sa at Norge nu gjorde rettest i å gå under tysk militæradministrasjon. Det var forøvrig en rekke detaljerte krav i det forslag den tyske minister la frem.

Utenriksministeren forela straks denne tyske henvendelsen for regjeringen, som hadde sittet samlet hele natten. Det var enstemmighet i Regjeringen om at man ikke kunde gå med på de forslag som var stillet fra tysk side. Det er en uhørt voldsdåd Tyskland her har gjort sig skyldig i overfor Norge. Tyskerne undskylder sin handlemåte med at de måtte gjøre dette, idet de påstår at hvis ikke vilde England og Frankrike gjøre det samme. Men, sa utenriksministeren, dette har vi ingen tro på.

Til slutt uttalte utenriksministeren at vi får håbe at denne tilstand ikke vil vare alt for lenge, og forøvrig gav han den oplysning at det i natt gikk ut almindelig mobiliseringsordre.

Tyskland opfordrer den norske regjering til ikke å gjøre motstand.

Ønsker ikke å antaste Norges integritet eller uavhengighet.

Den tyske minister, dr. Bräuer, overrakte ved 13-tiden idag den norske pressen følgende erklæring:

Som gjentagelse av min appell av idag morges vil jeg i dypeste alvor ennu engang henvise den norske regjering til, at norsk motstand mot den av oss innledede aksjon er fullstendig meningsløs og bare egnet til å forverre situasjonen på det alvorligste for Norge. Jeg gjentar at Tyskland ikke har til hensikt ved sin forholdsregel å antaste kongeriket Norges integritet og politiske uavhengighet hverken nu eller i fremtiden.

Om stillingen i Danmark erfarer jeg at den tyske aksjon der er blitt gjennemført planmessig uten kamphandlinger. Den danske regjering har ganske visst protestert av formelle grunner, men har i saklig henseende nu gått inn på de tyske krav og forståelsesfullt stillet sin nøitralitet under Tysklands beskyttelse.

Bombardementet på Kjeller.

Ingen mennesker kom tilskade. De store flyskur er brent. —

Lillestrøm, 9. april.

(NTB.) Det har været luftalarmtilstand her siden kl. 7. Da kom 8—9 tyske fly innover Kjeller og Lillestrøm. De kastet flere bomber som rammet de 100 meter lange flyskur av tre som begge er brent op. Heldigvis var de fleste fly kommet ut, bare et par stykker var igjen og de strøk med. Arbeidsstyrken ved Kjeller søkte til beskyttelsesrummene i en tunnel. Ingen mennesker er kommet tilskade ved bombardementene. Luftvernbatteriene var i livlig virksomhet og efter hvad det forlyder skal et tysk fly være skadet og har måttet nødlande like utenfor Lillestrøm.

Den britiske og franske regjering forsikrer den norske regjering om full støtte.

Militære tiltak treffes nu av Storbritannien og Frankrike.

Iltelegram fra London.

Fra London iltelegraferes til NTB, at den britiske og den franske regjering har forsikret den norske regjering om full støtte. De allierte regjeringer har foreslått at krigen blir utkjempet i samarbeide med den norske regjering. Militære tiltak blir nu foretatt sammen med den franske regjering.

København besatt. Og en rekke andre punkter.

New York, 9. april.

Nationaltheatret

De tyske fly flyr inn over Oslo.

Tyske krigsskib forcerte Oslofjord festning inatt.

Horten bombardert. Heftig kamp ved Oscarsborg. Krysser satt på land ved Digerud. Kristiansand utsatt for tysk luftangrep.

Mange tyske fly over Oslo idagmorges og iformiddag.

Brand på Kjeller flyveplass, men Lillestrøm uskadt. Fornebo besatt.

Tyske fly har besatt Fornebo flyveplass. To norske fly skal være skutt ned. Det er kastet bomber over flyveplassen.

Ny utgave kl. 7.15.

STOMATOL
ALLE TIDERS TANN-CRÈME

Tidens Tegn

Løssalg 20 øre.

Strøm & Sørum
Herreskredderi
Kongensgt. 27, Oslo. Tlf. 23328

Nr. 82 | Tirsdag 9. april 1940 | Grunnlagt av O. Thommessen. | 31te, 73de og 178de årgang.

Tyske tropper gått iland i Trondheim og Bergen

I Oslofjorden kjempes i nærheten av Jeløen. Flyallarm gikk flere ganger i Oslo inatt.

Tysk troppetransportskib på vei til Norge torpedert og 400 mann omkommet.

Tysk oljetankskib på 12,000 tonn underveis fra Kiel senket ved Svenør.

Fra vår egen korrespondent.
Trondheim, 9. april.

Oslo erklært i luftverntilstand.

Full evakuering skal ske både i byen og i høibebyggelsen i Aker.

Tyskerne rykket inn i Danmark.

Da luftallarmen gikk i Oslo inatt.

Og hele byen blev mørklagt.

Minst 400 mann omkom med troppetransportskibet „Rio de Janeiro“.

Skibet førte en troppetransport og var lastet med soldater, flyvere og biler.

Under: Tyske skip på Trondheim havn 9. april 1940. (Foto: NTB.)

Dagene før 9. april var merket av stigende krisespenning. Lørdag 6. april holdt utenriksminister Halvdan Koht sin storpolitiske utredning om Norges nøytralitet og handelsspørsmålet (malmen) i Stortinget på grunnlag av den engelsk/franske noten som ennå var hemmeligholdt. Denne skarpe noten som Koht hadde fått kvelden før, tok kritisk opp Norges nøytralitet, malmleveransene fra Narvik og muligheten for russisk innplanting på den norske vestkysten. Bildet viser Nygaardsvold og Koht umiddelbart etter talen. (Foto: NTB.)

gjeringen: «I denne situasjonen må eg uvilkårleg minnast det ordet som føraren Deres nyleg sa, at det folket som bøygde seg motstandslaust for ein valdsmann, det var ikkje verdig å leva.»

Det tok ikke mange minuttene for regjeringen å komme med sitt svar til det tyske kravet: Nei.

Utenriksminister Koht gikk tilbake til Bräuer. I grålysningen ga han Bräuer regjeringens svar. «Dann wird es Kampf geben und nichts kann euch retten,» sa Bräuer. (Da vil det bli kamp, og ingenting kan redde dere.)

«Der Kampf ist schon im Gange,» svarte Koht. (Kampen er alt i gang.)

Loddet var kastet.

Norge var i krig.

Blücher

Krysseren Blücher ledet den tyske konvoien inn Oslofjorden ved midnatt 9. april. Været var dårlig. I ly av tåke og dis kom konvoien seg forbi de ytre befestningene i Oslofjorden, Rauøy og Bolærne. Det var ikke lagt ut miner der.

Vaktskipet «Pol III» gikk mot konvoien og rente inn i torpedobåten «Albatross». Tyskerne beskjøt «Pol III», og kaptein Leif Welding Olsen omkom. Han ble den første nordmann som falt i krigen.

«Blücher» ség innover mot Oscarsborg festning med slukte lanterner. På Oscarsborg hadde kommandanten, oberst Birger Eriksen, fått et varsel om at fremmede skip var på vei innover fjorden. Han varslet de lokale myndighetene i Drøbak om at «krigen dessverre synes å være et faktum». Han hadde imidlertid ikke fått varsel fra høyere myndigheter om krigstilstand.

Oberst Eriksen hadde ikke mannskap nok til å besette de tre 28 cm kanonene på hovedbatteriet. Mannskapet hadde blitt byttet ut 1. april, og soldatene som var på festningen, var ikke trente. Kommandanten fordelte de mannskapene han hadde, på de to kanonene som populært ble kalt «Moses» og «Aron», bygget av Krupp!

De tyske skipene kom til syne i disen. De virket kolossale. Oberst Eriksen sto ved hovedbatteriet for å vise sine soldater at han som sjef skulle være i forreste linje. Han fikk beskjed om at avstandsmålerne viste 3000 meter til det første skipet, men han underkjente dette. Det er 1200 meter avstand, sa han.

Obersten hadde gitt ordre om at batteriene på landsiden ikke skulle fyre før hovedbatteriet hadde utløst sine skudd. Han regnet med at han bare kunne klare å avfyre to skudd, og var nødt til å treffe.

Der sto obersten uten ordre fra overordnede og uten å være helt sikker på om det var tyske eller britiske skip han så konturene av. En feildisposisjon fra hans side kunne få katastrofale følger for landet – og for ham selv.

Kl. 04.21 mente oberst Eriksen at avstanden var passe stor, og han ga ordren: «Ild kan åpnes.» Det første skuddet traff kommandotårnet på «Blücher». Neste skudd traff under bakerste mast i et rom med dypvannsbomber, oljebeholdere og bensin.

Kopås-batteriet, på landsiden, fulgte øyeblikkelig opp med sine 15 cm bri-

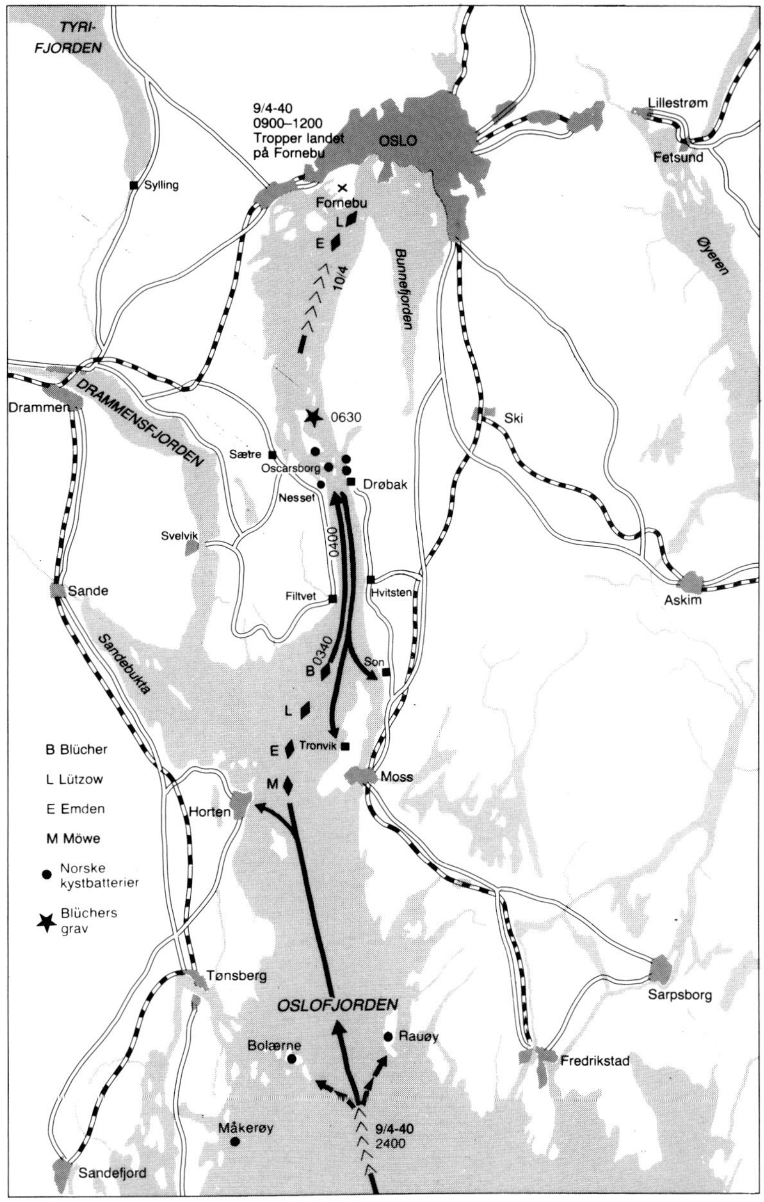

Over: Tyskernes operasjoner mot Oslo 9.–10. april. (Fra Norge i krig, bind 1, Aschehoug 1984.)

Til venstre: «Blücher» sank like nord for Drøbak i Oslofjorden etter velrettede skudd fra Oscarsborg festning og batteriene på landsiden. (Foto: NTB.)

santgranater. Det fikk inn flere treffere på «Blücher» og andre fartøyer. «Blücher» og de andre skipene svarte øyeblikkelig med en trommeild av småkalibret skyts. De grønne, røde og hvite sporlysprosjektilene fór omkring i alle retninger og dannet formelig et lysende tak over festningen, forteller oberst Eriksen. Ved et utrolig hell ble ingen på Oscarsborg festning drept. På landsiden ble to kvinner truffet av splinter og omkom.

Om bord i «Blücher» ble mange drept, og skrikene fra de sårede og de som falt i den brennende sjøen, ble blandet med soldatenes sang: «Deutschland, Deutschland über alles». Da oberst Eriksen hørte skrikene og sangen, var det første gang han med sikkerhet kunne si at det var et tysk skip han hadde truffet.

Da «Blücher» kom på høyde med torpedobatteriet på landsiden, spurte sjefen der, kommandørkaptein Anderssen, om det skulle torpederes.

«Ja, det skal torpederes,» svarte oberst Eriksen.

Det ble avfyrt to torpedoer. Begge traff. Dermed var krysserens skjebne beseglet.

«Blücher» lå brennende ved Askholmen, ca. 800 meter nordenfor Kaholmen. Oljen om bord og på sjøen brant og laget en røyksky på 200-300 meters høyde. Kl. 06.19 forsvant «Blücher» i sjøen.

Det er usikkert hvor mange som omkom, men man antar at det var om lag 1000.

De som kom seg i land, samlet seg etter hvert på Søndre Hallangen gård. En liten avdeling fra Garden ble beordret ut dit, men fikk senere ordre om å trekke østover, og overlot dermed tyskerne til seg selv. Et par av de tyske offiserene haiket med en norsk lastebil inn til KNA-hotellet. Der ankom de i sokkelesten og tok inn på hotellrom som den tyske marineattaché hadde bestilt på forhånd.

Tyskerne sendte også fly for å innta Fornebu flyplass. Den norske styrken der skjøt ned fem tyske jagerfly og flere transportfly, men fra kl. 09.00 behersket tyskerne flyplassen. De fraktet noen hundre soldater dit. I samlet tropp marsjerte de ordnet og rolig inn til Oslo, og paraderte nærmest ned Karl Johan, uten at det ble løsnet et skudd.

Men de som skulle ha overtatt byens administrasjon og tatt hånd om Kongen og regjeringen, gikk ned med «Blücher». Det ga Kongen og regjeringen tid nok til å komme seg ut av hovedstaden. Det er kanskje ikke for sterkt å si at dette forandret Norges historie.

Stortinget

Tyske vakter utenfor Stortinget. (Foto: NTB.)

Stortingspresident Carl J. Hambro sov tungt natt til 9. april. Det hadde vært hektiske døgn forut. Hans kone hadde stort strev med å få ham opp da flyalarmen gikk, han trodde først det bare var en prøve. Men så handlet Hambro. Han ga instruks til Stortingets personale om at det måtte bli gitt beskjed til alle stortingsrepresentantene om at et tog ville gå til Hamar kl. 07.15 fra Østbanestasjonen. Hambro satte seg i kontakt med regjeringen, og det var enighet om at også regjeringen og kongefamilien skulle følge samme tog.

Da toget kom til Lillestrøm, ble det beskutt av tyske fly. De kongelige og de øvrige passasjerene søkte dekning, men etter en tid kunne toget fortsette videre.

To tredjedeler av stortingsrepresentantene var til stede da møtet ble satt i Festivitet-lokalene på Hamar 9. april kl. 12.30. Det varte en time. Utenriksministeren ga en redegjørelse om situasjonen, og det var et kort ordskifte. Det var enighet om å komme sammen igjen noe senere på dagen, blant annet for at regjeringen skulle få holde møte, og for

Opprop!

Til det norske folk.

Fra den lovlige norske folkevalgte regjering.

Den tyske regjeringen har krevet at den norske kongen skal utnevne en regjering som har tysk tillit og som den tyske føreren har utpekt.

Kongen har ikke kunnet bøye sig for et krav som ville gjøre Norge til et tysk lydrike. Her kan ingen annen regjering styre enn den som har tillit hos det norske folk. Den regjering som nu i 5 år har stått for styringa i landet i samarbeid med Stortinget, er fremdeles den eneste lovlige norske regjering. Denne regjering bød seg til å gå av da det tyske overfallet på Norge blev satt i verk, men Stortinget bad enstemmig om at den måtte bli stående, og regjeringen står. Den henvender seg til hele det norske folket, og ber det om å holde oppe en lovlig styring i landet, norsk grunnlov, norsk fridom, norsk sjølstende.

Tyskland har gjort mot Norge et av de stygge voldsverk som historien kjenner så alt for mange av. De har brutt seg inn i landet med bomber og alle slags ødeleggelsesmidler, de har grovt og hensynsløst krenket alle rettene til et lite folk som bare ønsker å leve i fred. Den norske regjering er viss på at hele den siviliserte verden fordømmer denne udåd, men først og fremst er den trygg på at det norske folket vil sette all sin evne inn på å reise opp på nytt den fridom og det sjølstende som fremmed makt med makt har villet slå ned. Meget har det lykkedes for voldsherrene å få ødelagt, men Norge har i denne stund det visse håp at en ny og fri framtid skal komme for landet en gang.

Den maner derfor hele det norske folket til å holde fast på den gode norske fridomsarven i troskap mot de store tankene som har båret landet vårt gjennem århundreder.

Leve fedrelandet! Leve et fritt Norge!

Tirsdag 9. april 1940.

Johan Nygårdsvold.

Kong Håkon har i samsvar med dette kommet med denne appell:

Jeg slutter meg i ett og alt til den appell som regjeringen har rettet til det norske folk, og jeg er overbevist om at jeg har hele folket med meg i den beslutning som er tatt.

Håkon R.

Dette bes spredt mest mulig gjennem aviser, av bud og på annen måte.

Kommanderende General.

Til høyre: Senkingen av «Blücher» ga de norske myndighetene tid til å komme seg ut av Oslo. Stortingsrepresentantene og kongefamilien dro ut av byen med tog til Hamar. Toget ble angrepet av tyske fly ved Lillestrøm. Stortingspresident Carl J. Hambro kom til Hamar i bil. Her står han på jernbaneperrongen og venter på toget. (Foto: NTB.)

Til høyre: Stortingsmøtet på Hamar var improvisert, men svært mange av stortingsrepresentanter hadde rukket å komme dit. Under møtet kom det melding om at tyske tropper var på vei til Hamar. (Foto: NTB.)

Med flagg, faner og musikk marsjerte tyskerne inn i Oslo. Dette bildet er fra 10. mai 1940. (Foto: NTB.)

«SKUTT BLIR DEN SOM . . .» Dette uhyggelige oppropet ble slått opp på tavler og stolper i aprildagene. (Foto: NTB.)

at gruppeførerne kunne få konferere med sine partigrupper.

I pausen oppsøkte de kongelige stortingspresident Hambro og meddelte at statsministeren overfor Kongen hadde stilt regjeringens plasser til rådighet for Hans Majestet. Stortingspresidenten svarte Kongen at det ville være best om regjeringen fortsatte. Det var umulig for landet å ha svevende regjeringsforhold under de rådende omstendigheter.

Stortingsmøtet ble satt kl. 18.30 om ettermiddagen. Da var det bare åtte representanter som manglet. Stortingspresidenten meddelte hva han hadde sagt til Kongen om regjeringsforholdene. Hambro henstilte til regjeringen om å fortsette, og da det ikke kom noen innvending, anså han det for vedtatt. Både statsministeren, utenriksministeren og forsvarsministeren, som da var kommet til stede, hadde ordet. Det ble meddelt at tyskerne hadde nådd Jessheim på vei mot Hamar for å ta Konge, regjering og Storting til fange. Møtet ble derfor hevet kl. 19.40. Et tog sto klart for å dra til Elverum.

Forvirringen var stor. Statsministerens sekretær hadde kjørt uten å sørge for bilskyss for sin sjef. Statsministeren forsøkte å haike, men uten hell. Fabrikkeier Mustad stilte sin bil til rådighet. «Uten hans imøtekommenhet hadde jeg visstnok blitt på Hamar til tyskerne kom,» skriver statsminister Nygaardsvold i sine memoarer.

På Elverum ble et stortingsmøte satt kl. 21.20 i folkehøgskolens gymnastikksal. Regjeringen ble her meddelt Stortingets tillit, men samtidig ble det vedtatt å utvide regjeringen med ett medlem fra Høyre (Sven Nielsen), ett fra Venstre (Johan Ludwig Mowinckel) og ett fra Bondepartiet (Jakob Vik, som for øvrig gikk ut av regjeringen 2. mai).

Ambassadør Bräuer hadde meddelt at han ønsket nye forhandlinger. Han krevde full underkastelse under tyskerne og at Vidkun Quisling skulle godkjennes som landets statsminister. Ikke minst det siste kravet styrket motstandsviljen i en vanskelig og uklar situasjon. Stortinget vedtok på Elverummøtet at utenriksministeren, Ivar Lykke (H), Jon Sundby (B) og Johan Ludwig Mowinckel (V) skulle følge Kongen til møtet med ambassadør Bräuer.

Stortingspresident Hambro, som hele tiden hadde vært nøye med å følge Grunnlovens bestemmelser når det gjaldt stortingsmøtene, ante at det kunne bli vanskelig å samle Stortinget på en tid. Han foreslo derfor en fullmakt til regjeringen til å «treffe de avgjørelser og beføyelser på Stortingets og Regjeringens vegne, som må ansees for påkrevet av hensyn til landets sikkerhet og fremtid», inntil Stortinget kunne innkalles til neste ordinære møte. Det ble faktisk ikke stemt over forslaget, som er blitt kalt «Elverumsfullmakten». Den fikk utvilsomt stor betydning, idet regjeringen dermed hadde fullmakt til å opptre på landets vegne inntil normale tilstander igjen fikk råde.

Stortingsmøtet ble avsluttet ved at Stortingets medlemmer fulltonig og sterkt beveget uttalte:

«Gud signe vårt dyre fedreland.»

Deretter stemte stortingsrepresentantene i to vers av «Ja, vi elsker». Den ble «sunget under meget sterk bevegelse. Få øyne var tørre», heter det i referatet fra Norsk Telegrambyrå.

Til høyre: Vidkun Quisling. (Foto: NTB.)

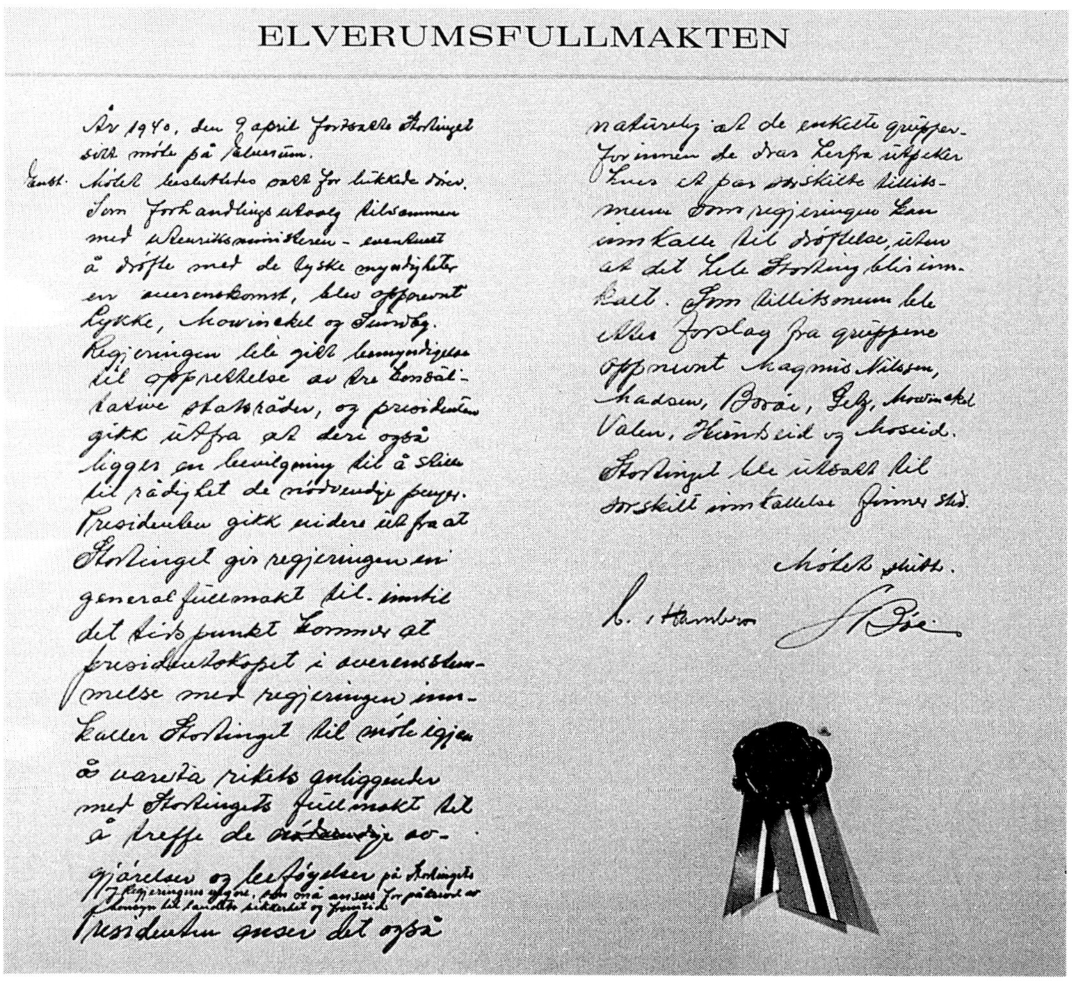
ELVERUMSFULLMAKTEN

År 1940, den 9 april fortsatte Stortinget sitt møte på Elverum.
Møtet besluttedes satt for lukkede dører.
Som forhandlingsutvalg tilsammen med utenriksministeren – eventuelt å drøfte med de tyske myndigheter en overenskomst, blev opnevnt Lykke, Mowinckel og Sundby.
Regjeringen ble gitt bemyndigelse til opprettelse av tre konsultative statsråder, og presidenten gikk utfra at deri også ligger en bevilgning til å stille til rådighet de nødvendige penger.
Presidenten gikk videre utfra at Stortinget gir regjeringen en generalfullmakt til, inntil det tidspunkt kommer at presidentskapet i overensstemmelse med regjeringen innkaller Stortinget til møte igjen, å vareta rikets anliggender med Stortingets fullmakt til å treffe de nødvendige avgjørelser og beføyelser på Stortingets og Regjeringens vegne, som må ansees for påkrevet av hensyn til landets sikkerhet og fremtid.
Presidenten anser det også naturlig at de enkelte grupper forinnen de drar herfra utpeker hver et par særskilte tillitsmenn som regjeringen kan innkalle til drøftelse, uten at det hele Storting blir innkalt. Som tillitsmenn ble etter forslag fra gruppene opnevnt Magnus Nilssen, [illegible], [illegible], Getz, Mowinckel, Valen, Hundseid og Moseid.
Stortinget ble utsatt til særskilt innkallelse finner sted.
Møtet slutt.
C. J. Hambro [illegible]

Til venstre: Etter at stortingsmøtet på Hamar var hevet, dro representantene til Elverum, hvor de satte møte senere på kvelden. Under dette møtet ble den såkalte «Elverumsfullmakten» utformet. (Foto: NTB.)

Quisling

LANDSMENN!

Nå ser enhver hvad partipolitikerne og deres vanstyre har bragt Norge op i. Disse folk har ført landet vårt til avgrunnen. De må ikke få anledning til nå å drive sitt spill videre og utlevere Norge til England og Frankrike for å prøve å redde sitt eget skinn. Slik desperat politikk vil lede til at Norge deler Polens skjebne.

Nygaardsvold-regjeringen og de andre partipolitikerne med **Hambro** og **Mowinckel** i spissen må straks fjernes fra videre befatning med rikets styre.

Nasjonal Samling er den eneste organisasjon som har sett riktig i de avgjørende politiske spørsmål. Nasjonal Samling er den eneste bevegelse som kan redde Norges frihet og selvstendighet gjennem den kommende storkrise. Derfor er det nå vår nasjonale **plikt og rett å kreve regjeringsmakten.**

LANDSMANN!

Forstå at nå står du foran det avgjørende valg, det første og kanskje det siste. Nå gjelder det intet mindre enn vår **eksistens** som individer og nasjon.

Gjør din plikt og meld dig straks til tjeneste i den nasjonale bevegelse.

Norge må uten ophold skaffes en **handlekraftig nasjonal regjering** som kan verne det norske folks selvstendighet og sikkerhet.

Oslo, 8. 4. 1940

For NASJONAL SAMLING (NS)

VIDKUN QUISLING

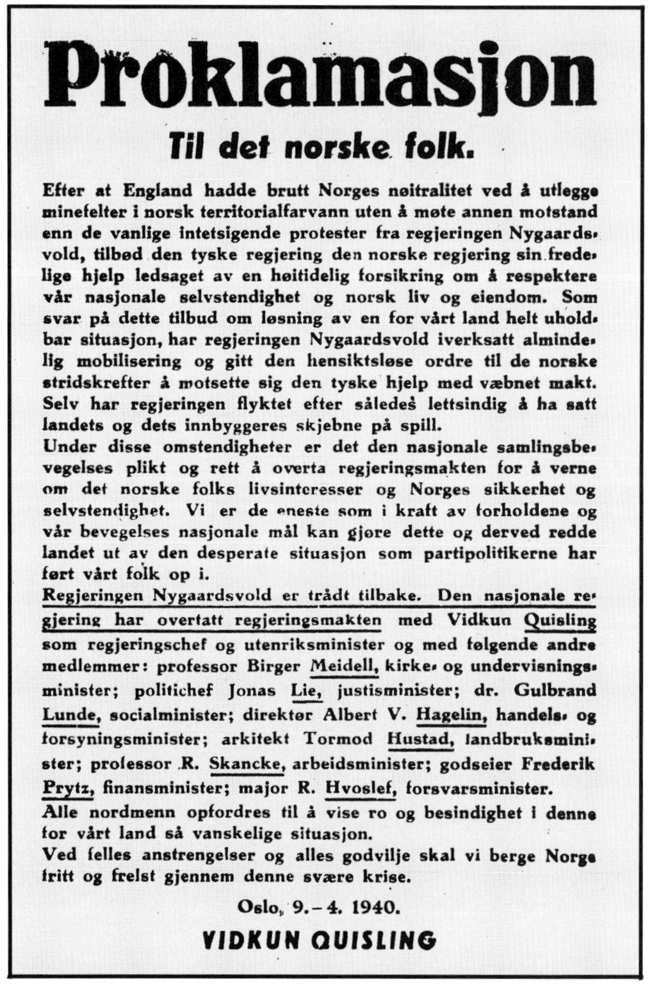

Proklamasjon

Til det norske folk.

Efter at England hadde brutt Norges nøitralitet ved å utlegge minefelter i norsk territorialfarvann uten å møte annen motstand enn de vanlige intetsigende protester fra regjeringen Nygaardsvold, tilbød den tyske regjering den norske regjering sin fredelige hjelp ledsaget av en høitidelig forsikring om å respektere vår nasjonale selvstendighet og norsk liv og eiendom. Som svar på dette tilbud om løsning av en for vårt land helt uholdbar situasjon, har regjeringen Nygaardsvold iverksatt almindelig mobilisering og gitt den hensiktsløse ordre til de norske stridskrefter å motsette sig den tyske hjelp med væbnet makt. Selv har regjeringen flyktet efter således lettsindig å ha satt landets og dets innbyggeres skjebne på spill.

Under disse omstendigheter er det den nasjonale samlingsbevegelses plikt og rett å overta regjeringsmakten for å verne om det norske folks livsinteresser og Norges sikkerhet og selvstendighet. Vi er de eneste som i kraft av forholdene og vår bevegelses nasjonale mål kan gjøre dette og derved redde landet ut av den desperate situasjon som partipolitikerne har ført vårt folk op i.

Regjeringen Nygaardsvold er trådt tilbake. Den nasjonale regjering har overtatt regjeringsmakten med Vidkun Quisling som regjeringschef og utenriksminister og med følgende andre medlemmer: professor Birger Meidell, kirke- og undervisningsminister; politichef Jonas Lie, justisminister; dr. Gulbrand Lunde, socialminister; direktør Albert V. Hagelin, handels- og forsyningsminister; arkitekt Tormod Hustad, landbruksminister; professor R. Skancke, arbeidsminister; godseier Frederik Prytz, finansminister; major R. Hvoslef, forsvarsminister.

Alle nordmenn opfordres til å vise ro og besindighet i denne for vårt land så vanskelige situasjon.

Ved felles anstrengelser og alles godvilje skal vi berge Norge fritt og frelst gjennem denne svære krise.

Oslo, 9.-4. 1940.

VIDKUN QUISLING

8. april (merk datoen) sendte Quisling ut et opprop om at nå måtte landet få en handlekraftig regjering. Dagen etter meldte han over radioen at regjeringen Nygaardsvold var trådt tilbake og at han selv hadde dannet ny regjering. (Foto: NTB.)

Vidkun Quisling var en dyktig offiser med beste karakter fra Krigsskolen. Han deltok i Nansens hjelpearbeid i Sovjetunionen i 1920-årene. Etter hvert ga han seg inn på en politisk bane. Han var forsvarsminister i Kolstad-Hunseids bondepartiregjering i 1931-33. Under storlockouten i 1931 sendte regjeringen militære styrker til Menstad for å stanse streiken blant Hydroarbeiderne der. Det kom til slagsmål mellom soldater, de streikende og streikebryterne – det berømte Menstadslaget. Allerede da ble Quisling et navn med dårlig klang.

Quisling ble grepet av den ideologi som nazistene i Tyskland formet. I 1933 dannet han partiet Nasjonal Samling. Partiet fikk ikke nevneverdig oppslutning, men ble et uromoment der det hadde sine møter og demonstrasjoner.

I desember 1939 besøkte Quisling Berlin. Han hadde en samtale med Hitler, la fram sitt syn på viktigheten av å ha herredømme over Norge.

Quisling må enten ha fått opplysninger om eller ha forstått hva som var nær forestående i aprildagene. 8. april om kvelden flyttet han inn på Hotel Continental i Oslo sammen med sin sekretær, Harald Franklin Knudsen.

På ettermiddagen 9. april gikk han til Kringkastingshuset, som den gang lå like rundt hjørnet for Hotel Continental. En tysker klarte å manipulere kringkastingsledelsen. I all den usikkerhet som rådde i de timene, fikk Quisling adgang til et studio. Han leste opp en proklamasjon om at regjeringen Nygaardsvold hadde trådt tilbake, og at han selv hadde overtatt regjeringsmakten. Quisling utnevnte seg selv til statsminister og utenriksminister og leste opp navnene på de åtte statsrådene han hadde tatt med i regjeringen. Han påla embetsmenn og offiserer å følge ordre fra hans regjering.

«Slik som situasjonen har utviklet seg, er enhver motstand ikke bare nytteløs, men direkte ensbetydende med kriminell ødeleggelse av liv og eiendom,» sa han.

Det var intet mer enn et statskupp via radio Quisling hadde foretatt.

Dermed skapte Quisling røre både blant nordmenn og tyskere. Nordmennene kjente Quisling og det han sto for, og kunne ikke ta ham alvorlig. Det gjorde faktisk ikke tyskerne heller. Han var ikke med i deres planer om hvem som skulle styre landet. De hadde satset på å ta Konge og regjering til fange, og dermed tvinge dem til å regjere under tyskernes nåde. Men da Quisling hadde utropt seg selv til statsminister, forsøkte tyskerne å utnytte situasjonen.

Alle slags
Trykksaker
får De hurtig, billigst og best fra
Lofotposten.

Løssalg: 15 øre.

Lofotposten

— HELE NORD-NORGES AVIS —

Beste utvalg
i utsøkt gode kvaliteter av
Blådresser og col. Dresser, Frakker, Hatter og Huer, Skjorter, Slips, Reiseeffekter, Manufakturvarer — Metervarer, Fjær og Dun, Ulltepper og Dyner
er alltid hos
Berg & Co. A/s
Svolvær

Nr. 83 | Grunnlagt av Joh. E. Paulsen. | Svolvær onsdag 10. april 1940. | Redigert av Johan A. Paulsen. | 45. årg.

Tysk diktatur innført i Norge.

Regjeringen Nygaardsvold avsatt og major Quisling innsatt som chef for den nye regjering.

Major Quisling.

Oslo, igår.

Klokken 19,30 ikveld meddeltes at regjeringen Nygaardsvold var demisjonert og ny norsk nasjonal regjering dannet av major Vidkun Quisling.

Den nye statsminister leste senere op følgende proklamasjon til det norske folk:

Norske kvinner og norske menn!

Efter at England hadde brutt Norges nøitralitet ved å utlegge minefelter i norsk territorialfarvann uten å møte annen motstand enn de vanlige intetsigende protester fra regjeringen Nygaardsvold, tilbød den tyske regjering den norske regjering vebnet hjelp, ledsaget av en høitidelig forsikring om å respektere vår nasjonale selvstendighet og norsk liv og eiendom.

Som svar på dette tilbud om løsning av en for vårt land helt uholdbar situasjon, har regjeringen Nygaardsvold iverksatt almindelig mobilisering og gitt den hensiktsløse ordre til de norske stridskrefter å motsette sig den tyske hjelp med vebnet makt. Selv har regjeringen flyktet efter således å ha satt landet og dets innbyggeres skjebne på spill.

Under disse omstendigheter er det den nasjonale samlingsbevegelses plikt og rett å overta regjeringsmakten for å verne om det norske folks livsinteresser og Norges sikkerhet og selvstendighet. Vi er de eneste som i kraft av forholdene og vår bevegelses nasjonale mål kan gjøre dette og derved redde landet ut av den desperate situasjon som partipolitikerne har ført vårt folk inn i.

Regjeringen Nygaardsvold er trådt tilbake. Den nasjonale regjering har overtatt regjeringsmakten med major Quisling som regjeringschef og utenriksminister og med følgende andre medlemmer:

Professor Birger Meidell, kirke- og undervisningsminister, politichef Jonas Lie, justisminister, kaptein Gulbrand Lunde, socialminister, direktør Albert Hagelien, handels- og forsyningsminister, arkitekt Arne Mustad, landbruksminister, professor Ernst Shancke, arbeidsminister, godseier Fredrik Pryz, finansminister, major R. Hvoslef, forsvarsminister.

Alle nordmenn opfordres til å vise ro og besindighet i denne for vårt land så vanskelige situasjon. Ved felles anstrengelser og alles godvilje skal vi berge Norge fritt og frelst gjennem denne svære krise.

Det tilføies at slik som situasjonen har utviklet sig, er enhver fortsatt motstand ikke bare nytteløs, men direkte ensbetydende med kriminell ødeleggelse av liv og eiendom.

Enhver embedsmann, stats- og kommunal tjenestemann og i særdeleshet alle vårt lands officerer, hær, marine, kystartilleri og luftvåben er forpliktet til å lyde ordre utelukkende fra den nye nasjonale regjering. Enhver avvikelse herfra vil medføre det alvorligste personlige ansvar for vedkommende.

Forøvrig vil vi gå rettferdig og hensynsfullt frem mot alle landsmenn.

Denne proklamasjon blev lest op av major Vidkun Quisling i Oslo kringkasting, først klokken 19,30 og derpå klokken 22 ikveld.

Den tyske regjering har overrakt den danske og den norske regjering følgende memorandum:

— På tross av det tyske folks og dets regjerings opriktige ønske om å leve i fred og vennskap med det engelske og det franske folk har makthaverne i London og Paris erklært Tyskland krig.

Samtidig med at de erklærte denne krig, som var lenge forberedt og som var rettet mot Det Tyske Rikes beståen og mot det tyske folk, har England og Frankrike også åpnet sjøkrig mot de nøitrale.

Herved har de først og fremst under fullstendig fornektelse av folkerettens mest primitive regler forsøkt å rette en hungersblo- [...] linger til lands og i luften og også i Norges og Danmarks nøitralitetsfarvann og på deres område.

Tyskland har forutsett denne utvikling siden krigens begynnelse. I sin indre og ytre økonomipolitikk har Tyskland visst å hindre forsøket fra britisk side på ved hjelp av blokade å innskrenke den tyske handel med de nøitrale land.

Dette kom mer og mer for dagen i løpet av de siste måneder, da den britiske blokadepolitikk fullstendig brøt sammen. Denne utvikling, såvel som det faktum, at der var liten sannsynlighet for et direkte britisk angrep mot de tyske befestninger i vest, har i den siste tid — [...]

fredsslutning ut fra det materiale som den tyske riksregjering har fått sig forelagt, fremgår det klart at beslutningen om å bringe Finnland hjelp mot russerne ennvidere skulde tjene ytterligere planer.

De mål som England og Frankrike forfulgte i Skandinavia var og er følgende:

1. Ved besettelse av Nar- [...]

Russland, ser riksregjeringen stadig faren tilta for at England og Frankrike skulde foreta nye skritt for å virkeliggjøre sine hensikter i en annen form.

I den stadige trang til å forberede en intervensjon mot nord, har da også den engelske og den franske regjering i de siste uker ganske åpenlyst hevdet den opfatning, at der ikke [...]

minste motstand mot Englands og Frankrikes henstillinger og overgrep, men rolig funnet sig i de alvorligste inngrep i sin handlefrihet, uten tilsvarende motforholdsregler.

Riksregjeringen må derfor anta at den kongelige norske regjering også vil innta den samme holdning overfor Englands og Frankrikes [...]

Tyskland redegjør for sin holdning.

Oslo, igår.

Norsk Telegrambyå har fått en melding fra Tysk Telegrambyrå. Det heter i denne blandt annet at hærens overkommando meddeler:

— For å motsette sig det britiske angrep som nu er igang mot Danmarks og Norges nøitralitet har den tyske forsvarsmakt overtatt den vebnede beskyttelse av disse land.

I den anledning er det imorges i begge land landsatt sterke tyske stridskrefter av alle våbenarter. For å beskytte disse operasjoner er der lagt ut omfattende minesperringer.

settelse av strategiske viktige punkter på norsk statsområde.

Riksregjeringen overtar således under denne krig beskyttelsen av kongeriket Norge. Den er fast besluttet på, fra nu av med sine maktmidler å sikre sig Norden mot et fiendtlig flankeangrep.

Riksregjeringen har ikke ønsket å spre ulykke. Ansvaret herfor faller ene og alene på England og Frankrike. England påberoper sig riktignok at de historisk er de små lands beskytter. Men i virkeligheten begår de vold mot dem i håp om, derved å tilintetgjøre deres mot Tyskland rettede, daglig mer og mer åpenlyse velvilje.

De tyske tropper betrer derfor ikke norsk jord med fiendtlig sinnelag. Den tyske overkommando har ikke til hensikt å benytte de i Norge besatte punkter som operasjonsbasis i sin kamp mot England, medmindre de blir tvunget til det gjennem Englands og Frankrikes inngripen.

De tyske militære operasjoner tilsikter utelukkende å sikre Norden mot den planlagte oprettelse av støttepunkter i Norge for engelsk-franske stridskrefter.

Riksregjeringen er overbe- [...]

om å treffe alle forholdsregler for å sikre at de tyske troppers aksjon kan skje uten føling med vanskeligheter.

I overenstemmelse med den ånd som alltid har rådet i det gode tysk-norske forhold, erklærer riksregjeringen overfor den kongelige norske regjering, at Tyskland ikke har til hensikt nu eller i fremtiden å berøve kongeriket Norge dets territoriale integritet eller politiske uavhengighet.

*

Et tilsvarende memorandum er tilstillet den kongelige danske regjering.

Tyske pressekommentarer til aksjonen.

Berlin, idag.

I den tyske kringkasting blir der nu gjengitt tyske pressekommentarer til myndighetene i Danmark og Norge.

Berliner Local-Anzeiger skriver at den tyske aksjon har sikret Norges frihet og selvstendighet. I Danmark tok man fornuftig mot de tyske tropper, hvilket man ikke gjorde i Norge.

Under tittelen «Norges redning» skriver Deutsche Allgemeine Zeitung, at det å hindre jernmalmtransporten til Tyskland bare var en bisak og et påskudd for England. Der var kompromitterende dokumenter i Berlin som viser at hensikten [...]

«Kongens Nei»

Løssalg: 15 øre.

Alle slags Trykksaker får De hurtig, billigst og best fra Lofotposten.

Lofotposten

— HELE NORD-NORGES AVIS —

Flotte Barnevogner hos Berg & Co. A/s - Svolvær -

Nr. 84 | Grunnlagt av Joh. E. Paulsen. | Svolvær torsdag 11. april 1940. | Redigert av Johan A. Paulsen. | 45. årg.

Historiens største sjøslag utkjempes idag.

250 krigsskib og 1600 krigsfly i kamp paa en 2000 kilometer lang strekning langs Norges kyst.

Roma, idag.

Agencia Stefani meddeler, at hele det italienske folk med spenning følger det gigantiske slag som utkjempes langs Norges kyst nu.

På de alliertes side deltar der 150 krigsfartøier og 600 kampfly og på tysk side 100 krigsfartøier og omkring 1000 fly.

Kampene foregår på en 2000 kilometer lang strekning fra Nordkapp til De Frisiske Øyer.

Dette sjøslag er, uttaler byrået, det største i historien. Slaget begynte ved den svenske vestkyst onsdag den 8. april. Fra den svenske kyst kunde man se fire store troppetransportskib, eskortert av krigsfartøier. To av disse blev senket.

Fra Gøteborg meldes at man fra Marstrand kunde se 10 troppetransportskib på vei nordover. To av disse blev senket og tre skutt i brand, mens de fem siste kom sig vekk, såvidt man kunde se.

Ennu klokken 22 igår kunde man iaktta minesprengninger utenfor Marsteinen. Kanonaden ophørte ved kysten der klokken 21, men fortsatte ute på havet.

Det norske fort Bolærne i Oslofjorden er fremdeles på de norske stridskrefters hender. Dette fort har beskutt flere transportskib og har anrettet store skader.

Utenfor Hvaler var kampene i full gang ved 21-tiden igårkveld.

Drøbak bombardert, - censur innført i Oslo.

Stockholm, igår.

Reisende til grensestasjonen Charlottenberg forteller at tysk og norsk infanteri er i kamp ved Elverum. Noen bekreftelse av meldingen kan ikke fåes da telefonforbindelsen er stengt for alle andre formål enn de militære.

Reisende fra Oslo melder at alt er rolig der.

I Drammen er det landsatt 20 tyske soldater.

Drøbak er blitt bombet, og det utbrøt brand tre steder. De ...

Kongen avviser Tysklands krav om å utnevne Quisling til statsminister.

Oslo, idag.

Hans Majestet Kongen mottok igår den tyske sendemann, dr. Bräuer, som orienterte Hans Majestet om den tyske regjerings stilling til det fremtidige forhold i Norge.

— Den tyske regjering kan bare tenke sig å samarbeide med en norsk regjering under major Quislings ledelse, og stiller krav om at regjeringen Quisling må bli utnevnt.

Kongen svarte at han måtte rådføre sig med sin regjering.

Statsråd blev derefter holdt under forsete av Hans Majestet Kongen.

Statsrådet innstillet for kongen, ikke å utnevne en regjering som ikke hadde folkets tillit, således som det uttrykkes gjennem det folkevalgte Storting og norsk parlamentarisk praksis.

Kongen erklærte at han ikke vilde utnevne en regjering Quisling og bad Johan Nygaardsvold bli stående.

Utenriksminister Koht meddelte kongens beslutning til minister Bäuer.

Kongens beslutning blev også forelagt stortingsmennene Mowinckel, Lykke og Sundby, som av Stortinget er opnevnt til, sammen med utenriksminister Koht å drøfte de utenrikske anliggender. Dette utvalg erklærte sig enig i Hans Majestet Kongens standpunkt.

Utenriksminister Koht forela også kongens beslutning for de stortingsmenn som ennu var samlet i Elverum og disse erklærte sig enige i avgjørelsen, idet de henholdt sig til de enstemmige beslutninger som var fattet i siste stortingsmøte.

REGJERINGEN NYGAARDSVOLDS OPROP TIL DET NORSKE FOLK.

Der blev også sendt ut et oprop fra statsminister Nygaardsvold til det norske folk, hvori det blandt annet heter:

— Den tyske regjering har krevet at Kongen skulde utnevne en regjering som hadde tysk tillit og hvis leder er utpekt av den tyske fører.

Kongen har ikke bøiet sig for dette krav, da han ikke vilde gjøre Norge til et lydrike under Tyskland. Ingen annen regjering kan styre landet, enn den som har hele folkets tillit og det er den regjering som nu har sittet i fem år i samarbeide med Stortinget og fremdeles er den lovlige norske regjering.

Denne regjering bad om å få gå av. Men Stortinget har enstemmig bedt den om å bli sittende. Den vender sig nu til hele det norske folk med bønn om hjelp og ber om at det norske folk må gå sammen om kampen for norsk grunnlov, frihet og selvstendighet.

Det heter videre i opropet, at tyskerne har brutt sig inn i landet med bomber og andre ødeleggende midler.

Regjeringen er trygg på at folket vil samle sig om å reise sig for frihet og selv-...

Straalende bedrift av norske skyttere og soldater.

Konge, Storting og regjering reddet ved en strålende flott manøvre.

Helsinki, igår.

Av en melding som Finska Notisbyrån har sendt ut, fremgår det hvilken historisk betydningsfull bedrift en håndfull norske soldater — skytterlagsmedlemmer fra Østerdalen og befalselever har utført på Elverum.

Angrepet på Elverum igår var ledet av flyveattachéen ved den tyske legasjon i Oslo. Ledsaget av fly rykket tyskerne frem med motoriserte avdelinger. Bare noen få norske soldater, forster-... Nordmennene hadde små tap, mens tyskerne led store tap. Senere er tyskerne drevet sydover av forsterkninger.

Enhver kan tenke sig hvilke alvorlige følger det vilde hatt, om oprøreren Quisling og tyskerne hadde klart å gjennemføre sin plan om å sikre sig konge, Storting og regjering ved dette kup.

De militære myndigheter berømmer denne bedrift som blev utført av de norske gutter.

Er halvparten av Tysklands flåte satt ut av spillet?

Marineminister Churchill redegjør for situasjonen.

Er Quisling prins av Norge?

Bodø, igår.

Bodø Kringkaster sendte i eftermiddag ut følgende:

Rebellen Quisling har idag latt lese op følgende kunngjørelse over den censurerte Oslo Kringkasteren:

I henhold til grunnlovens pa-... Er kongen fraværende fra riket, uten å være i felt, eller er han så syk at han ikke kan vareta regjeringen, skal den til kronen nærmest berettigede prins, såfremt han har opnådd den for kongen bestemte myndighetsalder, forestå som kongemaktens midlertidige utøver. I motsatt fall forestår statsrådet rikets bestyrelse.

Som man vet har kong Haakon ikke utnevnt Vidkun Quisling til statsråd. Herr Vidkun Q. må derfor plages av den forvirrede forestilling at han er den til tronen nærmest berettigede ...

Ambassadør Bräuer fikk sendt beskjed til regjeringen og Kongen, som da befant seg på Nybergsund. Han ba om forhandlinger. Det var delte meninger om dette både i regjeringen og Stortinget, men man valgte tre stortingsrepresentanter som ved siden av utenriksministeren skulle ledsage Kongen til Elverum for å treffe Bräuer (se også side 28).

Møtet fant sted 10. april om ettermiddagen på en skole i Elverum. Bräuer hadde i telefonsamtale med Hitler fått ordre om å kreve at Quisling skulle godkjennes som statsminister. Hitler regnet tydeligvis med at Kongen ville bøye seg for dette for dermed å berge sin trone. Men Hitler gjorde opp regningen uten å kjenne kong Haakon.

Kongen og utsendingene ga uttrykk

for sine meninger. De forlangte å få diskutere framlegget med regjeringen, noe Bräuer mislikte, men måtte gå med på. Bräuer skulle få svar underveis til Oslo.

Regjeringsmøtet på Nybergsund ble preget av sterke følelser. Kongen var dypt opprørt over den måten Bräuer hadde opptrådt på. Han ga uttrykk for hvordan han hadde oppfattet sin plikt overfor Norge i de 35 år han hadde vært på tronen. Kongen viste til at det var regjeringen som ifølge konstitusjonen måtte ta avgjørelsen. Men hvis regjeringen skulle bestemme seg for å gå med på det tyske krav, «så er det ingen annen utvei for meg enn å abdisere», sa Kongen.

Det var klar tale. NEI til det tyske krav om å stoppe krigføringen og NEI til å godta Quisling som statsminister! Det er dette som i ettertid er kalt «Kongens Nei».

Men det var heller ikke så vanskelig for regjeringen å si nei. Det hadde den gjort allerede natt til 9. april. Deretter hadde den fått Stortingets tillit og fullmakt. Den kunne heller ikke gå av og dermed overlate makten til Quisling.

Loddet var kastet enda en gang.

Norge skulle fortsette å forsvare seg mot tyskernes angrep.

«Kongens NEI!»

Da Kongen kom tilbake til Nybergsund etter samtalen med den tyske sendemannen Bräuer, ble det sammenkalt til statsrådsmøte. Der sa kong Haakon følgende:

«På meg har det gjort et veldig inntrykk at ansvaret for de ulykker som kommer over land og folk hvis kravet avvises, legges på meg. Og det er et tungt ansvar, så tungt at jeg gruer for å bære det. Regjeringen skal ha avgjørelsen, men min stilling er klar. Jeg kan ikke gå med på de tyske kravene. Det ville stride mot alt som jeg har oppfattet som min plikt som Norges konge siden jeg kom til landet for snart 35 år siden. Jeg har lagt an på å skape en tradisjon i det nye norske kongedømme, en tradisjon i samsvar med norsk ånd og norsk politisk tenkemåte. Jeg har villet skape et konstitusjonelt kongedømme i lojalitet mot det folk, hvis kall jeg mottok i 1905. Jeg kan ikke bryte den linjen. Jeg vil ikke at det skal være avgjørende for Regjeringen, jeg vil ikke at det skal influere på eller påberopes som grunnlag for Regjeringens avgjørelse. Men jeg har nøye prøvet meg selv og overveiet min stilling, og jeg kan ikke utnevne Quisling, som jeg vet ingen tillit har – hverken i vårt folk som helhet, eller i dets representasjon, Stortinget – til statsminister.

Hvis derfor Regjeringen skulle bestemme seg for å gå med på det tyske krav – og jeg forstår fullt de grunner som taler for det i betraktning av den overhengende fare der er, og fordi så mange unge nordmenn skal måtte gi sitt liv i krigen – så er det ingen annen utvei for meg enn å abdisere.

Den stilling har jeg tatt etter tunge kamper og etter å ha prøvet meg selv. Jeg vil ha meddelt dette for at dere skal være klar over min stilling, men jeg ber om at det ikke må bli forstått slik at jeg stiller Regjeringen i en tvangssituasjon. Jeg vil ikke at denne min stilling, som jeg ikke har kunnet legge skjul på, skal være avgjørende for Regjeringen. Den må ta sitt standpunkt, uavhengig av min personlige innstilling. Men jeg mener det er riktig av meg å gi Regjeringen klar beskjed om hvordan jeg ser på saken.»

Mobiliseringen

Natt til 10. april gikk det ut melding om mobilisering av de norske styrkene. Det står strid om hvilken form denne ordren fikk. På Østlandet var det vanskelig å gjennomføre mobiliseringen, men visse steder på Vestlandet og i hele Nord-Norge ble den gjennomført fullt ut. Bildet viser norske soldater som klatrer over sprengte broer for å komme fram til sine mobiliseringssteder. (Foto: NTB.)

Natt til 9. april var det uklare forhold om mobiliseringsordren. Forsvarsministeren, oberst Birger Ljungberg, foreslo at fire brigader skulle mønstres ved en stille mobilisering. I løpet av natten diskuterte regjeringen igjen mobiliseringsspørsmålet. Regjeringsmedlemmene var ikke så innforstått med de militære begreper. Forsvarsministeren var heller ikke klar nok i samtalen med generalstaben. Om morgenen 9. april brukte utenriksminister Koht uttrykket «full mobilisering».

I de nærmeste dagene kom norsk ungdom til de militære avdelingene. Det var ikke nok uniformer og utstyr. Tyskerne hadde allerede den første dagen tatt depoter og lagre i de sentrale strøk.

Den offentlige undersøkelseskommisjonen av 1945 peker på dette i sin uttalelse. Trass i kritikk overfor myndighetene konkluderer den med at en mobilisering 9. og 10. april med sikkerhet ikke ville ha brakt noen vesentlig forandring i stillingen. Troppene måtte ha vært ferdig oppsatt 9. april for å kunne gjøre effektiv motstand. Men psykologisk ville det hatt betydning som et faresignal overfor alle høyere sjefer i hær og marine, og dessuten hadde jo også regjeringen adgang til å forkorte den frist som var fastsatt i mobiliseringsreglene, heter det i Undersøkelseskommisjonens rapport.

Gjøvik i aprildagene 1940. Transporten av stridsdyktige fra Gjøvik-området ble organisert fra Gamletorget. (Foto: Leif Blichfeldt.)

De militære lederne

General Kristian Laake var kommanderende general for Hæren da krigen brøt ut. Han fylte 65 år den dagen Norge ble angrepet. Laakes helse var svekket på grunn av sykdom, og han tok avskjed 10. april. Dagen etter overtok oberst Otto Ruge, som ble utnevnt til generalmajor og beordret til å overta som kommanderende general.

Ruge var da 58 år. Han hadde bak seg en solid militær karriere. Blant annet hadde han vært sjef for generalstaben. I 1938 var han blitt utnevnt til generalinspektør for infanteriet. Han var kjent som en dyktig, framsynt og jordnær offiser med gode lederegenskaper. Med Ruge kom det fasthet inn i ledelsen av de militære styrkene. Han ledet felttoget i Norge helt fram til kapitulasjonen 9. juni 1940. Da hadde Norge ført krig mot tyskerne i seksti dager, lenger enn noen annen nasjon.

Generalmajor Carl Gustav Fleischer var sjef for 6. divisjon i Nord-Norge fra 1939. På grunn av de vanskelige og til dels kaotiske forhold sørpå måtte Fleischer lede sin divisjon nokså uavhengig av kommanderende general, noe han gjorde med gode resultater. Fleischer ledet blant annet gjenerobringen av Narvik. Med det var han den eneste general som hadde beseiret tyskerne i et slag.

Krigen i Sør-Norge var i vesentlig grad ledet og ført av nordmenn. De utenlandske styrkene gjorde seg sterkt gjeldende i kampene nord for Trondheim, særlig i Narvik (om Narviks gjenerobring se side 66).

Til venstre: Otto Ruge overtok som kommanderende general 11. april 1940. (Foto: NTB.)

Til høyre: Generalmajor Carl Gustav Fleischer ledet de norske troppene i Nord-Norge. (Foto: NTB.)

Ruges plan

Trass i uklarheten og forvirringen de første dagene strømmet tusener av nordmenn til de steder hvor de visste norske styrker oppholdt seg. Marinefolk og folk i flyvåpenet som ikke kunne nå sine mobiliseringssteder, meldte seg til hæren. Hæravdelinger ble sammensatt av folk som ikke kjente hverandre og heller ikke hadde hatt øvelser sammen. Det var ikke våpen og utstyr til alle. Tyskerne hadde jo fått hånd om de fleste depotene allerede det første døgnet.

Hærens overkommando flyttet til Rena, hvor den etablerte sitt hovedkvarter. Da statsråd Terje Wold besøkte overkommandoen 10. april, var det dyster stemning der. Statsråden fikk det inntrykk at offiserene fant det nytteløst å kjempe uten alliert hjelp. Statsråd Wolds rapport til regjeringen var nok medvirkende til at kommanderende general ble tilkalt til regjeringen, og leverte sin avskjedssøknad. Generalmajor Otto Ruge hadde overfor regjeringen gitt uttrykk for at man måtte kjempe med alle midler. 11. april ble han utnevnt til kommanderende general. Det var et lykkelig valg. General Ruge ledet kampene i Norge helt til det var nytteløst å fortsette. Han ble en inspirasjon for alle militære ledere.

Otto Ruge brukte de første dagene som kommanderende general til å skaffe seg oversikt over de avdelingene han hadde til rådighet. Han la opp en plan om at de norske styrkene på Østlandet skulle hindre tysk framrykning. Når det ikke var mulig å stå imot presset, skulle styrkene trekke seg langt nok tilbake til å få hvile før de igjen måtte ut i kamp. Han sendte fortløpende meldinger til England, og ba om unnsetning fra britiske styrker. Han mente at sammen med allierte styrker burde det være mulig å gjenerobre Trondheim. Videre håpet han at det skulle være mulig å holde Nord-Norge og føre kampen derfra.

General Ruge i samtale med kong Haakon på Elverum 10. april. (Foto: NTB.)

Midtskogen

De tyske styrkene hadde som utgangspunkt å få tak i Kongen og regjeringen. Da de ikke klarte å ta dem til fange i Oslo, gjorde de et nytt forsøk ved å sperre framkomstveien for regjeringen. Flyattacheen ved den tyske ambassaden, kaptein Eberhard Spiller, fikk med seg en fallskjermstyrke på om lag 100 mann av de som hadde landet på Fornebu. Han dro med denne styrken mot Elverum. Styrken nådde fram til Midtskogen, noen få mil vest for Elverum, før de støtte på motstand.

Den norske styrken som var til rådighet, var meget broket. Et kompani fra Garden hadde vært i tjeneste i 30 dager og hadde ennå ikke skutt med skarpt. Noen offiserer og befal var der. Militærarbeidere fikk utlevert våpen, men de hadde ingen skytetrening. Lokalt fikk man tak i 10-20 frivillige fra skytterlagene, som fikk på seg uniformer. Styrken ble ledet av major Olaf Helset, hans stabssjef, major Arne Laudal, og kaptein John Rognes.

En del sivile biler ble satt på tvers av

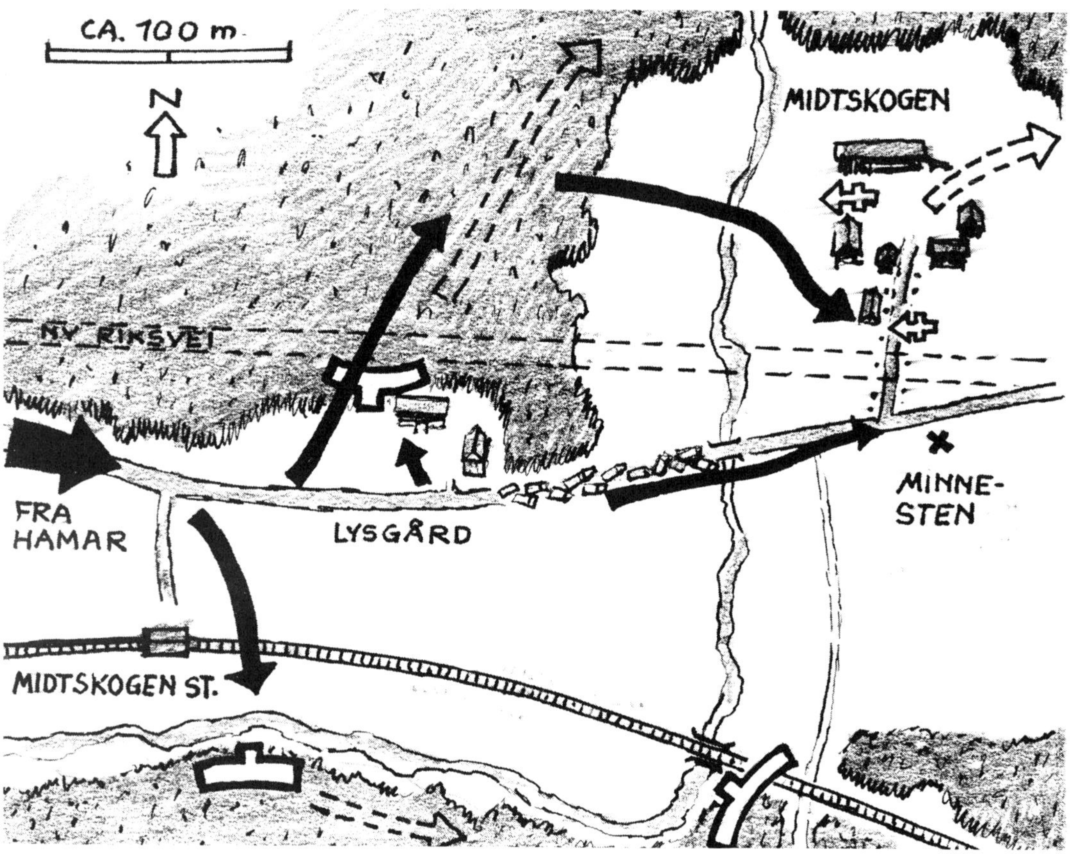

En meget broket samling av norske soldater gjorde en stor innsats på Midtskogen. Otto Ruge, kom inn i messen på Terningmoen før soldatene dro ut i felten, og sa til dem: «Det er ikke sikkert dere forstår betydningen av den oppgaven dere går til. Saken er i all sin enkelhet at vårt Kongehus og vår Regjering nå er kommet til Elverum. En tysk avdeling er på marsj for å ta dem til fange. Deres oppgave, mine herrer, er å sørge for at dette ikke skjer. Norges skjebne gjennom mange år vil avhenge av hvordan dere løser dette oppdraget. Lykke til!» (Tegning: Andreas Hauge.)

veien som sperring. De tyske bilene kom ikke forbi denne sperringen. De tyske soldatene forsøkte derfor å ta seg fram i terrenget utenfor veien, men ble møtt av ild fra de norske soldatene. Kaptein Spiller falt. Etter kort tid trakk tyskerne seg tilbake.

Den utrente og brokete norske styrken hadde i virkeligheten vunnet et viktig slag. Tyskerne ble stoppet, og klarte ikke å få tak i Kongen og regjeringen. Dessuten var det første gang en norsk styrke hadde klart å stoppe en tysk framrykking til lands. Det fikk betydning for moralen blant norske menige og befal.

Norske soldater i kamp ved Midtskogen. (Tegning: Andreas Hauge.)

Narvik

De tyske krigsskipene og troppetransportskipene tok seg fram til Ofoten om ettermiddagen 8. april uten å lide tap. I morgentimene 9. april stevnet ti tyske jagere inn fjorden til Narvik. I det usiktbare været ble de ikke oppdaget før de var nesten inne på havna. Der lå panserskipene «Eidsvold» og «Norge» sammen med om lag 25 lasteskip. En tysk offiser ba om et møte om bord på «Eidsvold». Da skipet ikke ville overgi seg, skjøt offiseren et rødt signallys med det samme han hadde forlatt det. Dette var signalet til de tyske jagerne om å skyte. Tre torpedoer traff «Eidsvold» før mannskapet hadde rukket å sette seg til motverge. I løpet av noen sekunder sank skipet. 169 mann omkom, bare 6 ble reddet.

Jagerne kom seg inn på havna og senket også panserskipet «Norge». 101 mann omkom, mens 90 overlevde. I løpet av noen få minutter hadde 270 nordmenn mistet livet. Kort tid etter kom transportskipene med 2000 veltrente alpejegere under ledelse av general Eduard Dietl. De besatte Narvik. Kommandanten, oberst Konrad Sundlo, overga seg uten kamp.

Natt til 10. april kom en styrke på ti britiske jagere inn Ofotfjorden. Tre av dem gikk helt inn på havna. Britene senket to av de ti tyske jagerne. De andre, og en rekke handelsskip, ble skadet. På veien ut ble britene overrasket av fem andre tyske jagere. Dette slaget endte med at en britisk jager gikk tapt, én måtte settes på land, mens tre kom seg unna. Men tapene var enda mer følbare for tyskerne. Bare tre tyske jagere var nå kampdyktige.

Planen var at den tyske jagerstyrken skulle gå tilbake til Tyskland så snart Narvik var besatt, men det var ikke mulig, for utenfor Narvik lå britiske krigsskip. 13. april stevnet det britiske slagskipet «Warspite» og ni jagere inn på havna. Åtte tyske jagere ble ødelagt eller satt ut av spillet. Dermed var alle de ti tyske jagerne i Narvik ødelagt. Halvparten av den tyske jagerstyrken var satt ut av spill. Det var et smertelig tap.

Et par av britenes skip ble skadet, men de led ikke alvorlige tap. I tillegg til jagerne som var ødelagt, ble nesten alle handelsskip på havna senket. Narvik havn var som en krigskirkegård for skip.

Til venstre: De to panserskipene «Norge» og «Eidsvold» lå på Narvik havn da tyskerne angrep byen 9. april. På få minutter ble de begge senket. 270 nordmenn omkom. (Foto: NTB.)

De andre havnebyene

Arendal og Egersund ble overrasket av tyskerne, som uten problemer besatte disse havnebyene. Det ble litt vanskeligere å innta Kristiansand. Ved femtiden om morgenen, nesten på samme tid som angrepet i Oslofjorden og mot Narvik, ledet krysseren «Karlsruhe» en flåtestyrke inn Oksøygapet. Den ble møtt med kraftig ild fra Odderøya festning. Krysseren ble truffet, og flåtestyrken snudde. Den kom tilbake en time senere, men måtte igjen gi opp forsøket på å forsere festningen. Tyskerne satte så inn bombefly. Festningen hadde ikke skyts eller beskyttelse god nok mot flyangrep. Da de tyske skipene for tredje gang kom mot festningen, ble det ved en feil rapportert at skipene førte franske flagg. Festningen lot være å skyte, og tyskerne kom seg forbi. Tyske stormtropper overmannet festningen, som måtte gi opp kampen klokka 11.

Sola flyplass var meget viktig. Derfra kunne en kontrollere Nordsjøen med luftstyrker. Tyskerne brukte sine moderne fly til et nærangrep mot flyplassen. Det var ikke luftvernkanoner der, og selv om de få mannskapene som ble holdt igjen, gjorde motstand, ble de snart nedkjempet. 120 fallskjermsoldater ble sluppet over plassen, og ved 9-tiden om morgenen var det klart for transportflyene. I løpet av dagen kom det 200 flylaster med soldater og utstyr. En av de første luftoperasjonene i krigshistorien var over. Flybårne tropper hadde overtatt den strategisk viktige Sola flyplass.

Trondheim og Bergen ble også et lett bytte for tyskerne. Festningene i innløpet ble overrumplet, og de tyske skipene kom uten store problemer helt til kai i de to byene.

I løpet av noen timer hadde tyskerne gjennomført det første overraskelsesangrepet mot Norge. De hadde nedkjempet de norske styrkene, og hadde stort sett kunnet krysse Nordsjøen og komme seg helt nord til Narvik uten at den britiske flåten hadde klart å påføre dem tap av særlig betydning. Ved hjelp av transportskip og transportfly hadde de landsatt de om lag 12 000 soldatene som hadde tatt herredømmet over depoter og viktige kommandoplasser. Angrepet hadde kommet så hurtig at verken Vestmaktene eller de norske myndighetene hadde rukket å sette sine styrker i stand til å yte kraftig nok motstand. Tyskerne led riktignok en del smertelige tap, men operasjon «Weserübung»s første fase hadde vært vellykket.

Men på ett punkt tok Hitler feil. Han mente at Norge ville bli nedkjempet i løpet av noen dager, slik at han kunne starte felttoget mot Vestmaktene 4-5 dager etter landsettingen i Norge. Slik gikk det ikke.

Administrasjonsrådet

Administrasjonsrådet ble dannet 15. april etter forarbeid av Høyesterett. Dermed gikk Quislings selvoppnevnte regjering av. Administrasjonsrådet skulle ikke være en alternativ regjering i forhold til Nygaardsvolds, men skulle bare behandle administrative, sivile saker i okkupert område. Administrasjonsrådet ble ledet av fylkesmannen for Oslo og Akershus, I. E. Christensen. De andre medlemmene var professor Jens Bache-Wiig, stadsfysikus Andreas Diesen, sorenskriver Ole F. Harbek, direktør Gunnar Jahn, dosent Rasmus Mork og professor Didrik Arup Seip. Bildet viser en pressekonferanse holdt av Administrasjonsrådet. (Foto: NTB.)

Bare noen få dager etter at Oslo og deler av Østlandet var okkupert, begynte man å diskutere om det skulle opprettes et administrasjonsorgan for å ta seg av forsyninger, gi retningslinjer til den administrative ledelsen, og sørge for å få hjulene i gang igjen. Verken nordmenn eller tyskere ville godta Quislings selvoppnevnte regjering.

Det eneste konstitusjonelle organ som var noenlunde intakt i Oslo, var Høyesterett. Høyesterettsjustitiarius Paal Berg kom til å spille en avgjørende rolle i spørsmålet om å danne et administrasjonsråd. Han var anerkjent i alle kretser i Norge, hadde vært statsråd og var formann i Arbeidsretten foruten leder av Høyesterett. Helst ville han dra til Kongen og regjeringen for å drøfte saken med dem, men tyskerne godtok ikke et slikt skritt.

15. april opprettet Høyesterett det som ble Administrasjonsrådet. Navnet var valgt med omhu. Det skulle ikke være en regjering i konkurranse med den lovlige regjering Nygaardsvold. Dessuten ble det sammensatt av embetsmenn. Rådet skulle bare ta seg av administrative oppgaver.

Sendemann Bräuer ville vise overfor Hitler at han var i ferd med å få i stand en norsk regjering som kunne overta

Idag 8 sider — Løssalg 20 øre

Aftenposten

Nr. 188 | Morgennr. | Abonnement Oslo og Aker ved bud: Kr. 12.00 pr. kvt. » 4.25 » mnd. | Telefon 15 660 Centralbord. | Oslo, tirsdag 16. april 1940 | A-Centralen Telefon 61 747 | Abonnement Utenbys: Kr. 12.50 pr. kvt. » 4.50 » mnd. | Morgennr. | 81. årg.

Ny norsk regjeringskommisjon blev opnevnt av Høiesterett igår

Regjeringen Quisling trer tilbake. Quisling overtar ledelsen av demobiliseringen i de besatte områder.

Resultatet av to dagers viktige forhandlinger med det tyske rikes befullmektigede minister, dr. Bräuer. Det norske politi overlates vaktholdet ved alle samfundsviktige anlegg.

DET har foregått overmåte betydningsfulle ting det siste døgn. Det ante man allerede gjennem høiesterettsjustitiarius Paal Bergs, fylkesmann I. E. Christensen og biskop Berggravs korte uttalelser i radio søndag eftermiddag. Særlig bragte biskop Berggravs ord et håb om at det forestod noget som vilde forenkle den kompliserte og beklagelige situasjon vårt land og vår hovedstad er oppe i, og gi oss en lovlig forvaltningsordning for de besatte områder.

Man ante det også gjennem det store borgeroprop mot sabotasje og ødeleggelseshandlinger som blev resultatet av møtet i Auditorium 15 i Universitetet kl. 18 søndag. Det hadde fått en mektig tilslutning av menn fra alle grener av vårt kultur- og næringsliv, og de menn som var de drivende krefter da det gjaldt å få møtet istand, har også tatt det tyngste løft i de forhandlinger, som nu sammen med høiesterettsjustitiarius Paal Bergs og biskop Berggravs initiativ, har ført til de beslutninger som blev offentliggjort i kringkastingen igår eftermiddag.

Fortsatt side 3, spalte 1. Administrasjonskomiteen).

Statsminister Quislings erklæring i kringkastingen.

Like efter møtet mellem den tyske minister og det nye administrasjonsråd for de besatte områder gav statsminister Quisling i kringkastingen meddelelse om at han trakk sig tilbake. Til slutt bragte høiesterettsjustitiarius Paal Berg ham en takk. Quislings og Paal Bergs taler gjengis nedenfor.

Nordmenn!

Efter at statsmaktene tirsdag den 9. april hadde rømt

Fylkesmann Christensen.

Høiesteretts proklamasjon.

Da tyske stridskrefter har besatt visse deler av Norge og derved har gjort det faktisk umulig for Den Norske Regjering å oprettholde den administrative ledelse av disse landsdeler, og da det er tvingende nødvendig at den sivile administrasjon blir igang har Høiesterett funnet å måtte sørge for at det — for den td disse landsdeler er okkupert av tyske stridskrefter — oprettes for de besatte områder et administrasjonsråd til å lede den sivile administasjon.

I tillit til at Norges Konge vil billige at Høiesterett under de forhåndenværende ekstraordinære forhold har grepet til denne nødutvei opnevner Høiesterett som medlemmer av dette midlertidige administrasjonsråd:

OPROP

Det er idag skapt et administrasjonsråd for de besatte distrikter.

Vi som har overtatt dette hverv retter en innstendig henstilling til organisasjoner og private i disse distrikter om å yde oss hjelp i vårt vanskelige arbeide.

Vi vil be om, at alle må vise ro og selvbeherskelse og samtidig bidra efter evne til at virksomhet og arbeide holdes gående.

Enhver vil ved å overtenke saken skjønne at sabotasje og vanskeliggjørelse av den civile virksomhet bare bringer ulykker.

Oslo, den 15. april 1940.

I. R. Christensen. Gunnar Jahn. O. F. Harbek.
R. Mork. Bache-Wiig. A. Diesen.
Didrik Arup Seip.

En erklæring fra von Falkenhorst.

MED hjemmel i vedlagte forordning overtar det stedlige norske politi på eget ansvar og i samarbeide med de militære myndigheter å bevokte anlegg, forråd o. s. v. Politiet sørger for de nødvendige vaktposter.

De militære myndigheter ordner detaljer for sitt område, fremforalt bestemmer de hvilke objekter som skal bevoktes i fremtiden.

Kunngjøringen skjer ved presse og kringkasting.

Med hjemmel i bestem-

etter Nygaardsvold-regjeringen når felttoget var over. Bräuer kalte det et regjeringsutvalg. I Aftenposten for 16. april ble det også i førstesidetittelen benevnt «Regjeringskommisjon». Da Hitler oppdaget at Bräuer hadde lurt ham, sendte han Bräuer til fronten. Senere ble Bräuer tatt til fange av sovjetrusserne og satt ni år i krigsfangenskap.

Etter hvert fikk Administrasjonsrådet hele Norge som virkefelt. Men tyskerne ville ha bedre herredømme over den sivile ledelsen i landet. Hitler oppnevnte sin partivenn, Josef Terboven, til Reichskommissar. Han opprettet kontor i Stortingsbygningen. 25. september oppnevnte han «kommissariske statsråder» som overtok etter Administrasjonsrådet. Fra da av hadde tyskerne også kontroll med den sivile administrasjon i det okkuperte landet.

Det var ingen hjemmel i Grunnloven for å opprette Administrasjonsrådet. Det kan også strides om det rettslige grunnlag for rådet var å finne i folkeretten eller i en konstitusjonell nødrett. Rådet begrenset sin virksomhet til nødvendige tiltak, og behandlet ikke utenrikspolitiske saker eller saker av militær art. Undersøkelseskommisjonen av 1945 fant at Administrasjonsrådet i en vanskelig tid hadde administrert det okkuperte Norge på en dyktig måte.

Episoder

Etter at Kongen og regjeringen hadde nektet å bøye seg for tyskerne, forsøkte tyske fly å ta livet av dem. Elverum ble utsatt for et kraftig bomberegn 11. april. 41 mennesker omkom, og byens sentrum ble ødelagt. Tyskerne visste at Kongen og regjeringen befant seg i Nybergsund, og sendte bølger av fly som bombet og skjøt.

Olaf Solumsmoen, som fulgte regjeringen som pressemann, forteller om bombingen:

«Nybergsund 11. april om kvelden:

Jeg skal ikke forsøke å skildre hvorledes vi løp til vi hadde blodsmak i munnen før vi nådde skogen og fikk kastet oss under de første trær. Der lå Kongen og Kronprinsen, statsrådene og bygdas folk om hinannen, mens de tyske flyene ustanselig fløy over hodene på oss. Vi så bombene falle, vi hørte den skjærende hvislende lyden, vi så nedslagene og vi hørte bombesplinter synge i treleggene.

Tyskerne drev rene klappjakten på Kongen og regjeringen etter at de hadde avvist kravene om å legge ned våpnene og godkjenne Quisling. Nybergsund ble bombet, og Kongen og de andre i følget måtte storme ut i skogen. (Foto: NTB.)

Statsminister Nygaardsvold, statsrådene Torp og Støstad og en av sjåførene hadde ikke rukket fram til skogen og ble under hele angrepet stående i hotellets uthus, mens bombene falt rundt omkring dem.

Etterpå gikk flyene over til å pepre oss med maskingevær. De gikk lavt over hustakene og skogen, og mitraljøsene knatret ustanselig. Det er den lengste timen i mitt liv.» (Artikkel i Aktuell, «Klappjakt på Konge og regjering», 1965. (Etter Norges krig, 1947.))

Mange hus og uthus ble ødelagt under bombingen i Nybergsund.

Da regjeringen bestemte seg for å forlate dette stedet, fant ikke statsministeren igjen bagasjen sin, og måtte gi seg i vei til Jordet i Innbygda uten noen form for personlige eiendeler.

Men midt oppe i den dramatiske situasjonen var det også noen morsomme episoder. Statsminister Nygaardsvold forteller i sine memoarer:

«Elverum var et stort flammehav, og vi ble advart mot å reise, men vi sa at vi måtte videre. Her traff vi på en vaktpost som lyste inn i bilen for å se hvem det var. «Å,» sa han, uten at jeg hadde sagt et ord, «er det Nygaardsvold? Da er det bare å kjøre videre.» Jeg spurte hvordan de hadde det der nå, og fikk til svar at alt var bra. «Vi har hatt en del bombing,» sa han, «men hvis Hitler tror han skal skremme oss, så tar han feil. – Vi e da itj synnmøringa for itjnå!»»

Kronprins Olav i Nybergsund. I bakgrunnen statsrådene Birger Ljungberg og Anders Frihagen.

Løssalg: 15 øre.

Lofotposten

— HELE NORD-NORGES AVIS

Nr. 88 | Grunnlagt av Joh. E. Paulsen. | Svolvær tirsdag 16. april 1940. | Redigert av Johan A. Paulsen. | 45. årg.

Et kongeord innfries.

«En mann er en mann og et ord er et ord», var en sentens som holdt på å gli ut til en forhistorisk og verdiløs ordklisje. De totalitære stater brøt ord, avtaler og traktater så ofte det bare var anledning, og anledningen har de søkt med en imperialistisk hensynsløshet som ord ikke kan skildre. Østerrike, Etiopia, Tsjekko-Slovakia, Albania, Polen, Danmark og Norge er to ditaturstaters skamstøtter over traktaters forrevne ark.

Midt i denne ærens forfallstid lyner et kongeord som gir forvissning om at ennu er idealisme og æresbegreper noe som lever og skal leve i nasjoner som ikke er angrepet av sjelelig og moralsk opløsning.

Igår kom den engelske konges personlige hilsen til vår ulykkelige og hårdt forfulgte konge. Hjelpen skal komme, og komme hurtig, sa han. Kong George er inkarnasjonen av hele det engelske folks høieste og helligste forestillinger om æresforpliktelser. Den engelske konges ord måtte derfor spontant skape en situasjon av sikker fortrøstning i det norske folk.

Vi er ikke blitt skuffet. Igår eftermiddag forelå meddelelse fra det engelske amiralitet om at britiske stridskrefter er landsatt på flere steder i Norge. Garantien er opfylt. Et kongeord er innfriet. Overfallsmennene skal kastes ut av Norge, rubb og stubb, sier engelskmennene. Ved deres side står franskmennene som har påtatt sig samme garanti som engelskmennene, og skulder ved skulder står nu engelske, franske og norske soldater. Retten skal seire.

Long live England!

Vive La France!

Leve Norge!

De britiske sjøstridskrefters glimrende og overlegne kamp ikke til å fatte.

Statsminister Jeppe Quisling er allerede likvidert. Kortere, ynkeligere og latterligere statsmannsliv kan verdenshistorien ikke vise make til. Men som engelsk kringkaster sa igår: Slik går det alle forrædere!

Nu er Quisling avløst av et slags forvaltningsråd med fylkesmann Christensen i spissen og med støtte av flere kjente personligheter. Med kalt og raffinert falskneri kunde Oslo-kringkasteren igår melde at denne ordning var blitt hilst med overstrømmende glede av det norske folk. Mennesker av alle samfundslag hadde ringt til den tyske minister og gitt uttrykk for sin tilfredshet. Det er jo en avsindig og absurd påstand. Det eneste nordmenn hilser med glede er sin frihet og selvstendighet.

Den lovlige norske regjering er virksom og våken. Igår har den sendt ut et historisk oprop til folket. Lofotposten gjengir det på annet sted i dagens avis, og vi legger alle regjeringens ord på hjertet. Der skjer nu et samlet og målbevisst fremstøt mot overfallsmennene, og her må hver eneste nordmann yde sitt ytterste og mer enn det.

At vårt folk, tross de forferdelige lidelser og forfølgelser det har vært utsatt for ved tyskernes lynoverfall har bevaret en fantastisk ro og selvbeherskelse forteller overingeniør Dietz blandt annet om i sin beretning fra de første spennende timer i Oslo efter overfallet. En så enestående besindighet kan bare det folk ha som vet det har retten på sin side og vet at den vil seire tilslutt. Ingen klynk og klage, ingen panikk.

Nordmennene kan strides om så mangt. I farens og nødens stund er vi blitt et folk som engelskmenn og franskmenn sier

Store britiske troppestyrker landsatt i Norge igår.

Narvik og nærmeste omegn skal være gjenerobret.

Intimt samarbeide allerede innledet mellem de norske og de allierte tropper. - Engelskmenn og nordmenn kjemper nu skulder mot skulder for å fordrive overfallsmennene.

Over britisk kringkasting meldes igår:

Britiske stridskrefter er nu landet på flere steder i Norge.

Denne gledelige meddelelse blev utsendt fra det britiske admiralitet i et kommunike på 10 ord. Der foreligger ennu ingen detaljer.

Den garanti som blev gitt til kong Haakon av kong George av England og den franske president Lebrun om full og hurtig hjelp mot tyskernes brutale invasjon er nu opfylt. — Britiske tropper kjemper nu skulder til skulder sammen med sine norske allierte. Det vil ikke vare lenge før de nazistiske overfallsmenn blir kastet ut av Norge, rubb og stubb.

De britiske myndigheter opfordrer alle norske menn og kvinner til å holde ut i sine vanskeligheter. Hjelpen er nær. Nu er tiden inne for hver og en til å vise hvad han dur til og gjøre sin plikt mot fedrelandet. Det er heller ikke tid til å være ømfiendtlige. Det er heller ikke tid til halve forholdsregler.

Denne særdeles viktige meddelelse om at britiske tropper er landet i Norge fulgtes hakk i hel med andre meldinger om at engelskmennenes fremstøt tilsjøs fortsatte. Således meddelte det britiske admiralitet at britiske undervannsbåter har senket to tyske transportskib og at en fiendtlig konvoi var angrepet i Skagerak og at fire torpedoer traff.

Kommunikeet omtaler videre at 15 marinefly opnådde flere fulltreffere mot tyske transport-

Historisk oprop fra regjeringen til det norske folk.

Den norske regjering sendte igår over de britiske kringkastere følgende henvendelse til det norske folk:

Den hjelp til Norge som den norske regjering har anmodet den britiske og franske regjering om å yte, er nu under utvikling efter store linjer. Den første innledning er gjenerobringen av Narvik-området.

Et antall norske loser har inntatt sine plasser på flåten. — Norske officerer, som er tilknyttet de allierte landsetningskorps, er idagmorges kommet til England og trådt i forbindelse med de militære autoriteter.

Det pålegges norske borgere inntil videre å motta som lovlig betalingsmiddel for varer og ydelser engelsk og fransk sølvmynt og sedler da de allierte tropper ikke har fått tid til å tilveksle sig norsk valuta i tilstrekkelige mengde. En officiell innløsningskurs vil senere bli kunngjort efter avtale mellem Norges Bank og Bank of England.

Den norske regjering har avtalt med den britiske regjering inntil videre å godta de satser for betaling av varer og godtgjørelse for innkvartering som gjelder i England. Detaljer vil bli kunngjort senere gjennem den engelske kringkasting og den norske regjerings kringkastere så snart disse er etablert.

Det pålegges alle norske militære og civile embedsfolk å tre i den intimeste kontakt med de britiske og franske allierte og yde dem all bistand. Enhver norsk borger plikter på enhver måte å bistå myndighetene, gi dem alle oplysninger om fiendens virksomhet og bevegelser, om forræderi og spionasje i Norge.

I denne hårde tid som forestår skal det norske folk godtgjøre sin rett til seirende nasjonalt liv og nasjonal selvstendighet. I ethvert norsk sinn må nu fedrelandssangens ord lue:

«Også vi når det blir krevet for dets fred slå leir!»

Alt gjøres nu for Norges sak.

Kongens oprop til det norske folk.

Inntrengende henstilling om å gjøre alt for å redde selvstendighet og fedreland.

Til det norske folk!

I denne den vanskeligste prøvens tid som mitt folk og lan[d] har befunnet sig i på over 100 år, retter jeg en inntrengende henstilling til alle norske kvinner og menn om å gjøre alt hvad hve[r] enkelt evner og kan for å redde friheten og selvstendigheten fo[r] vårt kjære fedreland.

Vårt land har vært utsatt for et lynangrep fra en nasjo[n] som vi alltid har stått i vennskapelig forbindelse med.

Denne mektige motstander har ikke veket tilbake for bom[be]angrep på den fredelige befolkning i byer og landdistrikter.

Kvinner og barn utsettes for død og unevneskelige lidelse[r].

Stillingen er den at jeg idag ikke kan meddele dere hvor je[g,] kronprinsen og regjeringen opholder oss i Norge.

Den tyske hærmakt har nemlig foretatt et voldsomt angre[p] på oss da vi opholdt oss på et lite, ubefestet og ubeskyttet sted. — Sprengbomber, brandbomber og maskingeværild blev anvendt mo[t] den civile befolkning og oss på den hensynsløseste og brutalest[e] måte.

Angrepene kunde bare ha en hensikt, nemlig straks å til[]intetgjøre alle oss som var samlet for å løse saker til Norges beste.

Jeg takker dem som idag sammen med mig og regjeringen står på post i kampen for Norges selvstendighet og frihet. Je[g] ber alle minnes dem som har satt livet til for fedrelandets skyld.

Gud bevare Norge!

HAAKON.

Norge i rekken av heltenasjonene.

De aller første dagene etter at tyskerne hadde satt seg fast i Norge, sendte britene fly for å bombe de tyske styrkene. I Narvik gikk britiske krigsskip inn på havna og senket eller uskadeliggjorde de tyske jagerne der.

Om kvelden 16. april landsatte britene tropper i Namsos. De skulle forberede gjenerobring av Trondheim. Om kvelden 17. april ble 700 marinesoldater landsatt i Åndalsnes. Dagen etter kom det flere soldater fra England til Åndalsnes og Molde. Disse styrkene nådde fram til Lillehammer 19. april og kom øyeblikkelig i kamp. De hadde ikke godt nok utstyr og var heller ikke vant til norsk vintervær og terreng. Sammen med de norske styrkene kjempet de tappert.

Da tyskerne rykket fram med artilleri og stridsvogner, brøt det ut panikk. Britene mistet mange av sine offiserer, som forsøkte å holde ut så lenge som mulig for å dekke tilbaketrekningen. Nær halvparten av de britiske styrkene falt eller ble tatt til fange.

Britene led under at hjelpeaksjonen ikke var forberedt. Styrkene ble satt

Den britiske overkommandoen under landsettingen i Åndalsnes – med liaisonoffiseren Martin Linge til venstre. Allerede natt til 28. april fikk sjefen for de britiske styrker i Sør-Norge, general Paget, melding fra War Office om å trekke troppene ut av Sør-Norge. (Foto: Arbeiderbladet.)

sammen i all hast. Det var heller ikke gjort forberedelser på norsk side – naturlig nok. Det var heller ikke lett å etablere kommandosentra og kommunikasjon med de norske styrkene. Den britiske innsatsen ble derfor av varierende kvalitet.

Britene fortsatte å bringe tropper til Norge og landsatte om lag 11 000 mann i Åndalsnes og Molde. De brakte også tropper til Nord-Norge og opprettet hovedkvarter i Bodø. To britiske jagerskvadroner ble stasjonert på Bardufoss. Britiske tropper deltok i kampene på Helgelandskysten og særlig i Narvik.

General Ironside inspiserer britiske soldater i Norge. (Foto: NTB.)

Sjømennene – Nortraship

For de norske sjømennene begynte annen verdenskrig høsten 1939. Onsdag 13. september ble «M/S Ronda» av Bergen minesprengt ved Terschelling utenfor Holland. Skipet sank på to minutter, og 17 mann fulgte med skipet ned. Før 9. april hadde tyskerne senket 58 norske skip, og nær 400 mennesker hadde mistet livet ved disse forlisene.

I april 1940 var over 1000 norske skip i fart over hele verden. Britene foreslo at den norske handelsflåten skulle seile under britisk flagg så lenge krigen varte. Nordmennene motsatte seg dette. Tyskerne og Quisling søkte på sin side å få kontroll over handelsflåten. De sendte ut melding over radioen om at alle norske skip skulle gå til nøytrale havner, men dette framstøtet mislyktes.

Det ble ført forhandlinger med britene om mange praktiske problemer. Alle norske skip ble overtatt av The Norwegian Shipping and Trade Mission – NORTRASHIP – etter et norsk initiativ i London. I et møte på Stuguflåten 22. april vedtok regjeringen en provisorisk anordning som ga den bruksretten over alle skip over 500 bruttoregistertonn som ikke allerede seilte for norske eller allierte myndigheter. Skipsreder Øivind Lorentzen ble leder for verdens største statsrederi.

Pr. 10. juni utgjorde hjemmeflåten som tyskerne fikk hånd om, i alt 674 511 brutto registertonn. I antall skip utgjorde hjemmeflåten 36 prosent av den samlede flåten, i tonnasje bare vel 15 prosent.

Den norske handelsflåtens og sjømennenes innsats på alliert side er nesten uvurderlig. Men det kostet.

NORSK SJØMANNSFORBUND

MEDLEMSBLAD

SJØMENN FORENER DERE! – ORGANISASJONEN ER DERES STYRKE!

Nr. 10 | Utk. 1 gang månedlig | Oktober 1939 | Pris kr. 6.00 pr. år | 29. årg.

Krigen er et faktum.

Det første norske offer, M.s „Ronda“ av Bergen, minesprengt. 17 mennesker omkommet.

«Ronda» av Bergen.

Det utrolige er hendt. Atter ser det ut til at krigsfaklen skal sette verden i brand. Tyske tropper er i ferd med å tilintetgjøre Polen. England og Frankrike har erklært Tyskland krig, og den røde hær er gått over grensen og inn på polsk territorium.

På havene raser ubåtkrigen, lumske miner i tusenvis er satt ut, og det spørres ikke lenger efter fred og forståelse mellem folkene, men hat, maktbegjær og tilintetgjørelse.

Vi skal ikke her prøve på å analysere årsakene til det uhyggelige som er hendt, eller gi uttrykk for sympati eller avsky for den ene eller annen part, kun kan vi håpe at krigen denne gang, selv om det ser mørkt ut, ikke vil bli av lang varighet, og at kanoner, fly, tanks, ubåter og andre mordvåpen vil bli erstattet av forhandlingsbordet, hvor folkene i fred med gjensidig respekt og forståelse kan avgjøre alle trister, d. v. s. fjerne krigens årsaker. Ganske sikkert er dette alle civiliserte menneskers høieste ønske i disse triste dager.

For våre sjømenn rulles igjen op minnene fra verdenskrigen 1914—1918 hvor 2 483 kamerater falt på sin post for land og folk, mens en rekke hensynsløse redere og spekulanter vasset i penger og champagne. Man husker også ubåten, livbåten, sentimentalt skryt og helteglorier, og kanskje best av alt lønnen til slutt efter krigen, hyrenedslag, arbeidsledighet, herberger, sult og elendighet.

Gulltransporten

Den lille dampbåten «Driva» og noen fiskefartøyer fulgte etter «Glasgow» til Tromsø med resten av Norges Banks gullbeholdning. (Foto: NTB.)

En av de utroligste og mest fantastiske hendelser i aprildagene 1940 var transporten av Norges gullbeholdning ut av landet.

Allerede i morgentimene 9. april ble Norges Banks gullbeholdning, til en verdi av 240 millioner kroner, kjørt på 26 lastebiler til Lillehammer. Derfra gikk transporten med tog gjennom Gudbrandsdalen til Åndalsnes. Det pågikk kamper i dalen, og tyske fly svevet over toget. De tyske flyangrepene fortsatte under lastingen av gullet på et britisk skip. Om lag 20 lastebiler med gull måtte dra videre til Molde. Der ble det også ganske dramatisk under innlasting av gull på krysseren «Glasgow». (Se også side 60.)

«Glasgow» måtte dra fra Molde før hele gullbeholdningen var tatt om bord. Noen sjåfører og folk fra Norges Bank og Norsk Telegrambyrå fikk tak i «D/S Driva». Utenfor Mørekysten ble de bombet av tyske fly, og «Driva» måtte gå inn til land. Etter et par dager i skjul lastet de gullet over på tre fiskeskøyter, som satte kursen nordover med «bagasjen». Turen nordover var også spenningsfylt, men de nådde fram til Tromsø med sin dyrebare last. Da Konge og regjering dro nordover med «Glasgow», hadde de det meste av gullbeholdningen med seg. I juni-juli ble gullbeholdningen fraktet med forskjellige skip til Canada og USA, hvor den ble oppbevart under hele krigen.

Denne eventyrlige transporten ble ledet av ingeniør Fredrik Haslund. Mannskapene som fulgte med, gjorde en utrolig innsats for å redde Norges gullbeholdning. Blant mannskapet var Nordahl Grieg og Einar Gerhardsen, som skrev sine navn i Norges historie også for andre bragder.

Til venstre: Ingeniør Fredrik Haslund ledet transporten av gullet. Her sees han til høyre. Bak ham står dikteren Nordahl Grieg, som var med på den eventyrlige transporten. (Foto: NTB.)

Østlandet

I løpet av ett døgn hadde tyskerne kontroll over de viktigste norske havnebyene og de fleste flyplassene. De rykket innover i landet i stort tempo i de nærmeste dagene.

11. april fortsatte tyskerne jakten på Kongen og regjeringen. Tyske fly bombet Elverum og gjorde store skader. Mange sivile ble drept. Da tyskerne oppdaget at Kongen og regjeringen oppholdt seg i Nybergsund, ble også dette stedet bombet og beskutt.

12. april var det harde trefninger ved Fossum bru i Askim. Tyskerne konsentrerte mye av sitt artilleri og sine stridskrefter mot Østfold. Det gjorde at de norske styrkene i Gudbrandsdalen og Østerdalen fikk et lite pusterom. Den 14. april måtte generalmajor Carl Erichsen med sin styrke i Østfold gå over grensen til Sverige og ble internert der.

Stadig nye transportskip brakte tyske mannskaper til Oslo. En kunne vente større press på det indre av Østlandet.

Ruges plan var å hemme tyskernes frammarsj på Østlandet. Det ble gjort med mange oppholdende trefninger, ødeleggelse av veier og bruer. Her er Vingnes bru ved Lillehammer i en sørgelig forfatning etter å ha blitt sprengt av norske tropper. (Foto: NTB.)

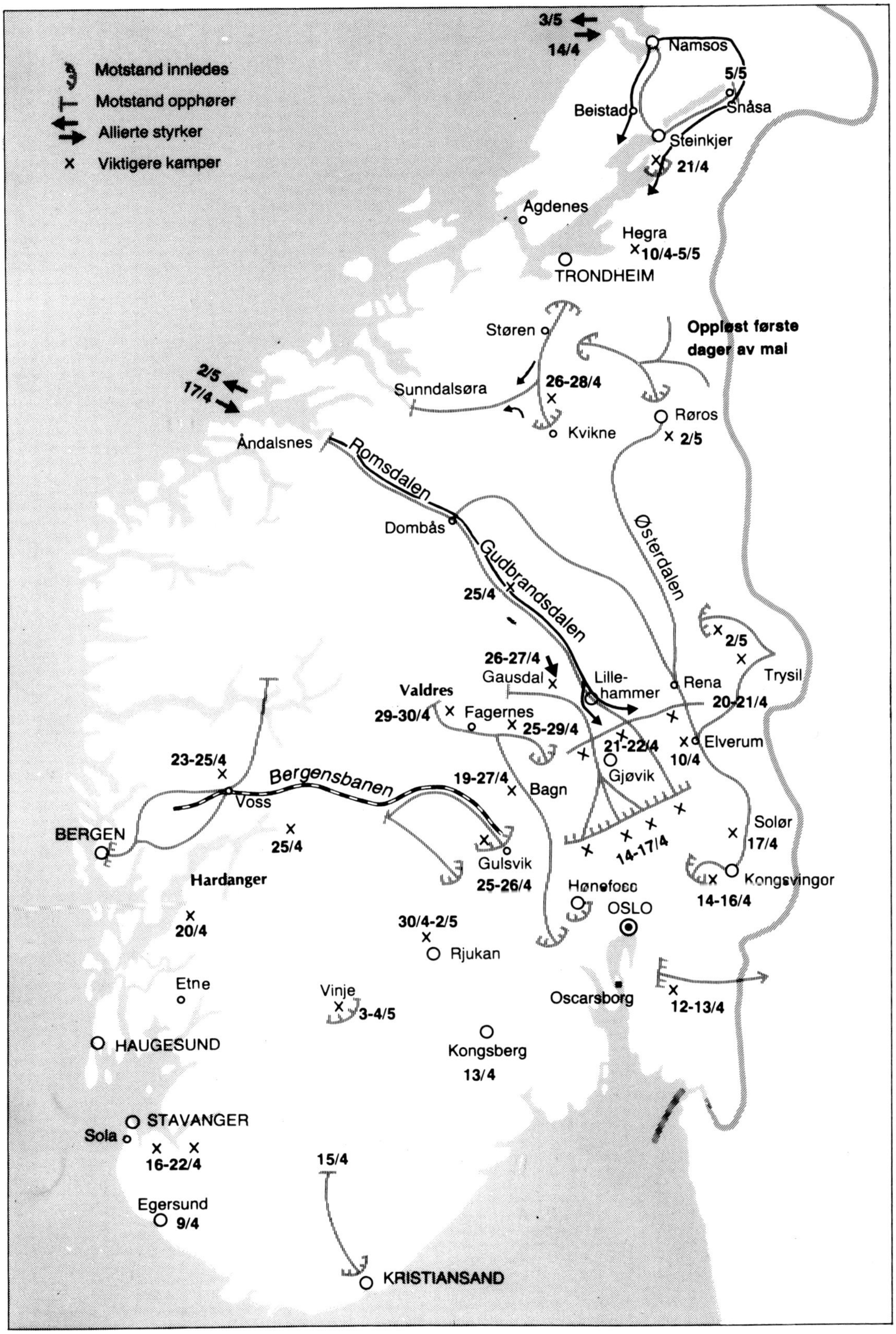

Allierte bevegelser og norske operasjoner med dato for kamper og/eller overgivelser. (Fra Norge i krig, bd. 1, Aschehoug 1984.)

14. april rykket en tysk styrke fram gjennom Nittedal. Ved Stryken like nord for Oslo var det en gruppe nordmenn som hadde tatt seg fram på ski gjennom Nordmarka. De gjorde god motstand i nærkampen, men måtte trekke seg tilbake mot Eina.

I Haugsbygd sør for Randsfjorden ble det harde kamper med tap på begge sider. Tyskerne klarte å bryte igjennom, men ble oppholdt flere ganger.

Også på Hedemarken, i Glåmdal, i Gjøvik-traktene og i Valdres kom det til trefninger. Nordmennene holdt ut en stund, men overmakten ble for stor. Tyske fly svevet over nordmennene og beskjøt dem med mitraljøser. De tyske stridsvognene kunne ikke stoppes med nordmennenes geværer og mitraljøser. Velutrustede og godt trente ingeniørtropper rensket veisperringer. Tyskerne rullet opp de norske styrkene, som flere steder gjorde seig motstand.

21. april gikk fronten like nord for Gjøvik. På østsiden av Mjøsa gikk den over Ringsaker og i Østerdalen rett sør for Rena. Hærens overkommando måtte da flytte.

Tyskerne bombet Rena, Åndalsnes og Namsos. De sendte også bombefly til Harstad og Tromsø og slapp sine dødelige laster der. Hitler lot villig sivile mål ødelegges for å bryte ned kampmoralen i de militære styrkene og

Denne veisperringen ble bygd utenfor Gjøvik. (Foto: NTB.)

Utrustningen var ikke alltid den beste. Her ser vi norske soldater utføre våpenpuss. Bare en av dem hadde uniform. Helt til venstre en svensk frivillig. (Foto: NTB.)

for å få de politiske myndigheter til å overgi seg for dermed å unngå altfor store sivile tap.

Valdres

En del av de norske styrkene på Voss ble overført til Valdres og Hallingdal for å bistå der. Ved Bagn i Valdres gikk nordmennene til motangrep og klarte å presse tyskerne tilbake i en offensiv som varte i tre dager. 29. april inntok tyskerne Fagernes, og de norske styrkene gikk i oppløsning.

Vestlandet

Bildet er fra Gloppedalsura i Rogaland hvor Jegerkorpset kjempet. (Foto: NTB.)

Da nøytralitetsvernet ved Kristiansand overga seg, var krigen på Sørlandet i virkeligheten over.

17. april rykket tyskerne fram i Rogaland. Det ble trefninger noen steder, men det stoppet ikke framrykkingen. Vest for Voss var det også kamper. 26. april måtte Voss oppgis. I Hardangerfjorden gjorde de norske torpedobåtene «Stegg» og «Sæl» en god innsats. Ved Kvamskogen ble det harde kamper da tyskerne prøvde å nå fram til Hardangerfjorden.

På Jæren bet norske styrker godt fra

Under: Fra trappen til «Villa Knausen» utenfor Molde betrakter Johan Nygaardsvold og Olav Hindahl kampene mellom tyske fly og britiske krigsskip på fjorden inn mot Åndalsnes. (Foto: Arbeiderbladet.)

Til venstre: Statsråd Terje Wold og varaordfører i Oslo, Einar Gerhardsen, under regjeringens reise til Molde og Åndalsnes. I midten journalist Sigurd Larsen (Arbeiderbladet). Einar Gerhardsen ble med ett av fartøyene med gullet til Tromsø. (Foto: NTB.)

Under til venstre: Bombingen av Kristiansund var ren terrorødeleggelse. Det var ingen norske eller andre allierte tropper der, men tyskerne la likevel nesten hele byen i grus. (Foto: NTB.)

Under til høyre: Molde ble sterkt ødelagt ved bombingen de siste aprildagene da Konge og regjering oppholdt seg der. (Foto: NTB.)

Dette bildet av regjeringen er tatt på «Villa Knausen» utenfor Molde. Første rekke fra venstre: Sverre Støstad, Hans Ystgaard, Johan Nygaardsvold, Halvdan Koht, Trygve Lie. Annen rekke fra venstre: Olav Hindahl, Sven Nielsen, Birger Ljungberg og Anders Frihagen. (Foto: Arbeiderbladet.)

seg, men 22. april måtte de norske styrkene gå med på betingelsesløs kapitulasjon.

Hitler var meget utålmodig. Han hadde ventet at Norge skulle falle i løpet av få dager. Han ville sørge for at det ble opprettet landforbindelse mellom Oslo og Trondheim før han ville gå til angrep på Vestfronten, og ga ordre om at tyske tropper skulle besette det viktige knutepunktet Dombås.

Konge og regjering klarte å komme seg ut fra dette området og beveget seg mot Åndalsnes og Molde. Disse stedene ble utsatt for kraftig bombing for å hindre dem i å nå fram. 29. april gikk Kongen og regjeringen om bord i krysseren «Glasgow» for å dra til Nord-Norge. Statsminister Johan Nygaardsvold forteller om dette:

«Kaptein Hostvedt meddelte at han skulle forsøke å lede oss gjennom den brennende byen, og han utførte denne oppgave med stor dyktighet. Vi kjørte gjennom nedbrente kvartaler, hvor alt allerede var svarte branntomter, men vi kjørte også gjennom kvartaler hvor husene stod i lys lue, hvor gnistene føk og hvor varmen var nesten uutholdelig. Men fram kom vi. Kaptein Hostvedt stod på bilens stigbrett, og hvor det syntes at enhver fremkomstmulighet var stengt, der gikk han i forveien og rekognoserte. Endelig nådde vi ned til kaia, og fant hele området i brann. Den engelske krysser «Glasgow», en stor rugg på 11 000 tonn, hadde satt på alle sine brannslanger og pøste rene Niagarafall av vann utover kaiene. I ly, eller rettere sagt under, disse vannkaskader kom vi oss ombord i krysseren.»

Utenriksminister Koht ville at de skulle gå i land i Mosjøen eller Mo, men det ble et knapt flertall i regjeringen for å dra til Tromsø. Derfra ville de fortsette å virke, og fortsatt kjempe mot inntrengerne.

2. mai gikk britiske tropper om bord i sine skip i Åndalsnes og Molde under et voldsomt tysk bombeangrep. Dagen etter kapitulerte de norske styrkene som var samlet i Romsdal.

Etter en heltemodig innsats i kampene ved Hegra måtte de norske soldatene overgi seg til tyskerne 5. mai. (Foto: NTB.)

Sør-Norge tapt

23. april brøt det norske forsvar av Østerdalen sammen. Etter et viktig slag på Tretten i Gudbrandsdalen slo tyskerne seg gjennom også der, og 28. april inntok de Otta. Dagen før hadde den britiske ledelse bestemt å evakuere sine styrker fra Sør-Norge. Britiske skip gikk inn til Molde. Tyskerne fulgte opp med kraftige bombeangrep mot Molde, Kristiansund og Åndalsnes. Ødeleggelsene var store.

De siste dagene av april møttes tyske soldater sørfra og tyske styrker som hadde rykket sørover fra Trondheim. Forbindelsen mellom Oslo og Trondheim var opprettet. Den norske og allierte krigføringen i Sør-Norge var i virkeligheten over. Likevel var det enkelte norske styrker som fortsatte å kjempe.

Vinjesvingen

Noen av de siste trefningene var i Vinjesvingen i Telemark. Der hadde sekondløytnant Thor D. Hannevig samlet en uensartet styrke og holdt stillingen mot tysk angrep. I dagene 3.-5. mai var det kraftige trefninger i Liosvingen, der mange tyskere falt. Men situasjonen for nordmennene var meget vanskelig, og Hannevig forhandlet med tyskerne. Han oppnådde gode betingelser for sine styrker. Men da tyskerne oppdaget at den norske styrken besto av bare 25 mann, forlangte de betingelsesløs kapitulasjon. I mellomtiden hadde nordmennene reist hjem, og det hele oppløste seg av seg selv.

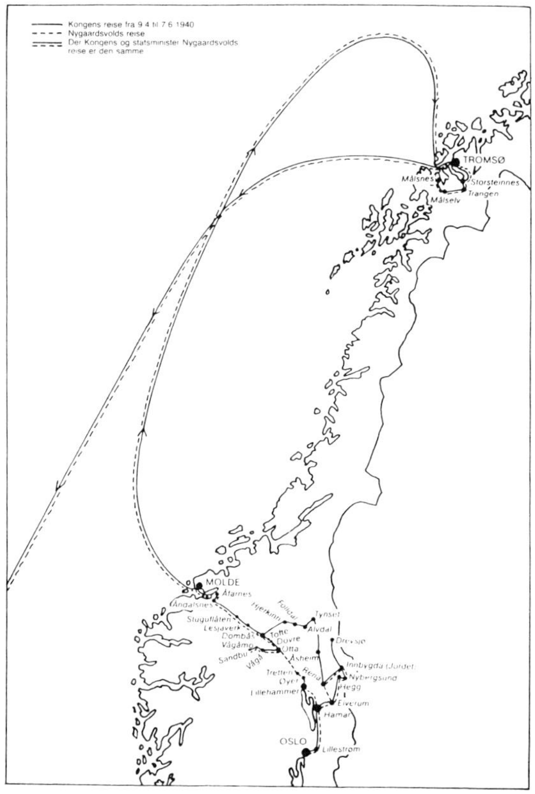

Hegra

Fortet på Hegra i Stjørdal var egentlig nedlagt. Men da Værnes måtte oppgis, klarte nestkommanderende der, Reidar Holtermann, å få med seg mye av materiellet, våpnene og utstyret. Sammen med 55 mann dro han til Hegra fort. Det strømmet også til annet mannskap, og det lyktes å utstyre 200 mann og installere seg i fortet.

Tanken var å holde stillingen og dermed ligge i ryggen på tyskerne når de allierte og norske styrkene kom nordfra for å gjenerobre Værnes og Trondheim.

Det ble gjort betydelig motstand. Tyskerne beskjøt fortet med kraftig ild og slapp mange bomber. I alt ble det skutt 2300 granater og sluppet mange 1000-kilos bomber. Tyskerne forsøkte også å storme fortet, men måtte gi opp.

De første dagene av mai måtte de norske styrkene i området legge ned våpnene. Kommandant Holtermann mente at da hadde ikke fortet lenger noen militær oppgave. Etter 23 dagers heltemodig kamp måtte han 5. mai heise det hvite flagget og overgi seg.

Hegra fort fikk ikke den militære betydning som man hadde tenkt. Likevel bandt det store tyske styrker, artilleri og fly. Innsatsen på Hegra fort vakte stor respekt og var til god oppmuntring for de norske styrkene.

«I dag står flaggstangen naken»

17. mai 1940 var det vaiende flagg i det frie Nord-Norge og grå hverdag i det okkuperte Sør-Norge. Ved radioene satt hundretusener og hørte Nordahl Grieg lese sitt nye dikt på kringkastingen i Tromsø:

I dag står flaggstangen naken
blant Eidsvolls grønnende trær.
Men nettopp i denne timen
vet vi hva frihet er.
Der stiger en sang over landet,
seirende i sitt språk,
skjønt hvisket med lukkede leber
under de fremmedes åk.

Det fødtes i oss en visshet:
Frihet og liv er ett,
så enkelt så uunnværlig
som menneskets åndedrett.
Vi følte da trelldommen truet
at lungene gispet i nød
som i en sunken ubåt . . .
Vi vil ikke dø slik en død.

Nå slåss vi for rett til å puste.
Vi vet det må demre en dag
da nordmenn forenes i samme
befriende åndedrag.
Vi skiltes fra våre sydpå,
fra bleke utslitte menn.
Til dere er gitt et løfte:
at vi skal komme igjen.

Her skal vi minnes de døde
som ga sitt liv for vår fred,
soldaten i blod på sneen,
sjømannen som gikk ned.
Vi er så få her i landet,
hver fallen er bror og venn.
Vi har de døde med oss
den dag vi kommer igjen.

Vestfronten

Hitlers opprinnelige planer om angrep på Vestmaktene ble utsatt, blant annet som følge av den sterke motstanden hans styrker møtte i Norge.

10. mai startet han framrykkingen mot Den engelske kanal. Tyske styrker fortsatte sin taktikk med meget hurtig framrykking, støttet av det sterke flyvåpenet de hadde bygd opp. Franskmennenes stolthet, Maginotlinjen, ble omgått, og snart var Nederland og Belgia avskåret. De britiske styrkene som var i Frankrike, måtte trekke seg tilbake. I siste liten klarte britene ved hjelp av krigsfartøy, handelsskip og småbåter å frakte 338 000 mann fra strendene i Dunkerque tilbake til Storbritannia. Det skjedde i dagene omkring 27. mai.

Kampene varte i vel en måned, og 22. juni kapitulerte Frankrike. Tyskerne okkuperte Nord- og Vest-Frankrike, mens resten av landet ble en egen statsdannelse med marskalk Philippe Pétain som leder og Vichy som hovedstad. Vichy-regjeringen måtte tilpasse sin politikk til tyske interesser.

I løpet av noen få uker hadde Hitler nådd Kanalen. Han håpet at Storbritannia ville komme til en forståelse med Tyskland. Men Winston Churchill, som hadde overtatt som statsminister etter Neville Chamberlain, holdt en av sine berømte taler om at vi skal bekjempe dem i byene, i åssidene, på strendene . . . og vi skal aldri overgi oss.

De britiske soldatene som kjempet i Frankrike, ble evakuert fra strendene ved Dunkerque. Alle slags båter ble brukt. I løpet av seks dager i slutten av mai 1940 klarte britene å føre 338 000 soldater til hjemlandet. (Foto: Billedsentralen.)

Iaften 6 sider

Løssalg 20 øre

Aftenposten

Nr. 229 | Aftennr. | Abonnement Oslo og Aker ved bud: Kr. 12.00 pr. kvt. » 4.25 » mnd. | Telefon 15 660 Centralbord. | * Oslo, fredag 10. mai 1940 | A-centralen Telefon 61747 | Abonnement Utenbys: Kr. 12.50 pr. kvt. » 4.50 » mnd. | Aftennr. | 81. årg.

Tyskerne rykker inn i Nederland, Belgien og Luxembourg

for å hindre britisk-fransk gjennemgang.

Den tyske vesthær gikk til angrep ved daggry imorges på bred front og støttet av fly.

Berlin, 10. mai.

Riksregjeringen har sendt et memorandum til den kgl. hollandske og den kgl. belgiske regjering. Riksregjeringen fastslår at den er i besiddelse av dokumenter og rapporter, som uimotstridelig beviser, at et britisk-fransk angrep mot Tyskland er umiddelbart forestående og at dette fremstøt vil skje mot Ruhr over Belgien og Nederland. Riksregjeringen har derfor gitt de tyske tropper ordre om å trygge disse lands nøitralitet med alle rikets militære maktmidler.

Et annet memorandum har den tyske riksregjering sendt til Luxemburgs regjering. Riksregjeringen fastslår i dette memorandum at den har fått troverdige oplysninger om, at England og Frankrike som et ledd i sin politikk med sikte på krigsutvidelse har besluttet å angripe Tyskland i den nærmeste fremtid over hollandsk og belgisk område. For å avverge det forestående angrep har de tyske tropper fått odre om å trygge disse to lands nøitralitet. Da den offensiv, som Frankrike og Storbritannien har besluttet, også skal omfatte Luxemburgsk område, ser riksregjeringen sig tvunget til å utvide de militære operasjoner som er innledet for å avverge angrepet, til å omfatte også Luxemburgsk område.

Berlin, 10. mai.

Det meldes fra Der Führers hovedkvarter at forsvarsmaktens overkommando har sendt ut denne melding:

Overfor den umiddelbare forestående fiendtlige utvidelse av krigen til belgisk og hollandsk territorium, og den trusel som derved er opstått for Ruhr-området, er den tyske vesthær ved daggry 10. mai gått til angrep over den tyske vestgrensen på bredeste front. Samtidig har luftvåbnet med stort resultat angrepet fiendtlige flyveplasser og grepet inn i kampene på bakken med sterke avdelinger for å støtte hæren. Der Führer, den øverste befalshaver for forsvarsmakten, har begitt sig til fronten for å lede de samlede operasjoner.

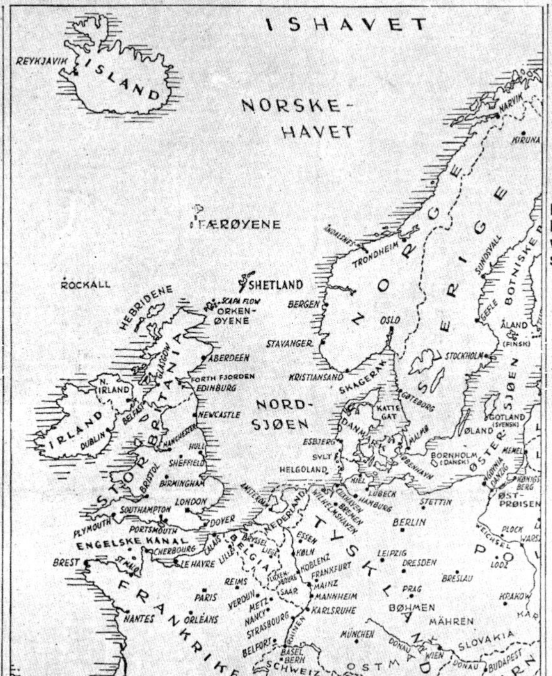

regjeringen vet, forberedt i hemmelighet, og Belgien og Nederland har i lang tid hatt kjennskap til det. Efterretningene de siste dager om britiske troppeinnskibninger til hollandske og belgiske havner taler et tydelig sprog. Riksregjeringen fikk igår natt underretning om at England hadde gitt den belgiske og hollandske regjering meddelelse om den umiddelbare forestående landsetting av engelske tropper på belgisk og hollandsk område. Denne meddelelse stemmer overens med de ugjendrivelige beviser som er i riksregjeringens hender, om den engelske og den franske armés opmarsj, og om det umiddelbart forestående angrep på Ruhrområdet over belgisk og hollandsk område.

Føreren ønsker ikke, at Ruhrområdet, dette viktige tyske økonomiske centrum, skal utsettes for et nytt engelsk-fransk angrep. Han har derfor besluttet sig til nu å ta Belgiens og Nederlands nøitralitet under sin beskyttelse mot de engelske og franske angripere. For den tyske regjering er det likegyldig om det dreier sig om en ny akt av Englands og Frankrikes forbryderske vilkårlighet, de land som har påtvunget Tyskland denne krig, eller om det ved denne nye engelske angrepshandling dreier sig om en fortvilet handling gjennem hvilken makthaverne i England og Frankrike søker å redde sitt kabinett, hvis eksistens er truet som følge av de nederlag det har lidt. Den tyske armé vil nu snakke med England og Frankrike i det eneste sprog som deres nuværende makthavere synes å forstå

En erklæring av utenriks-minister von Ribbentrop:

„Den tyske armé vil nu snakke med England og Frankrike i det eneste sprog, som deres nuværende makthavere synes å forstå, å gjøre definitivt op med disse makthavere".

Berlin, 10. mai.

Riksutenriksminister von Ribbentrop avgav i morges følgende erklæring for representanter for den

bruddet i Skandinavien var mislykket kom alarmen i Middelhavet. Denne store skinnmanøvre skulde tilsløre Englands sanne mål: frem-

Island besatt av britiske tropper.

Landsetningen foregikk imorges med den begrunnelse at man vilde hindre tysk besettelse.

London.

(Havas.) Britiske tropper er satt i land på Island. I et kommuniké fra utenriksdepartementet heter det at man efter besettelsen av Danmark måtte regne med muligheten av at Tyskland også besatte Island. Island kan selv ikke forsvare sig mot et slikt overfall, og britiske tropper er derfor landsatt på Island idag morges.

Den britiske regjering har gitt forsikring om at de britiske tropper bare er landsatt for å sikre Islands sikkerhet mot tysk invasjon, og at troppene vil bli trukket tilbake når fiendtlighetene er avsluttet. Den britiske regjering har likeledes underrettet den islandske regjering om at den ikke har til hensikt å blande sig inn i landets indre administrasjon.

Storbritannien er parat til å forhandle om en handelsoverenskomst som man kan vente vil være fordelaktig for islendingene.

Også den franske regjerings stilling usikker.

Amsterdam, 10. mai.

News Chronicles korrespondent i Paris skriver at debatten i underhuset gjør Reynauds stilling like kritisk som Chamberlains. I politiske

den britiske regjering går av, må den franske gjøre det samme. Man venter at den franske regjering vil møte skarp kritikk når det franske parlament trer sammen igjen.

Administrasjonsrådet har i møte den 9. mai 1940 vedtatt å nedsette en nevnd på 3 medlemmer til å behandle fiskerispørsmål.

Som medlemmer blev opnevnt: Handelsråd S. Johannessen, formann, ekspedisjonschef Johs.

Den tyske regjerings begrunnelse for innrykningen.

Den belgiske og hollandske regjering anklages for i hemmelighet å ha stått på vestmaktenes side. De to lands generalstaber anklages for å ha samarbeidet med vestmaktenes generalstaber for å lette angrepet mot Ruhr.

Berlin, 10. mai.

Det memorandum som den tyske regjering har tilstillet den belgiske og den hollandske regjering har følgende ordlyd:

Den tyske regjering har i lang tid været på det rene med hovedmålet for den britiske og franske krigspolitikk. Det består i en utvidelse av krigen til andre land og i å bruke disse lands folk som hjelpe- og leietropper for England og Frankrike. Det siste forsøk i denne retning var planen om å besette Skandinavien med Norges hjelp for her å skape en ny front mot Tyskland. Bare ved Tysklands inngripen i siste øieblikk blev denne hensikt tilintetgjort. Dette har Tyskland gitt verden det dokumentariske bevis for.

Straks efter at den fransk-britiske aksjon i Skandinavien var strandet, optok England og Frankrike igjen sin krigsutvidelsespolitikk i andre retninger. Således erklærte den britiske statsminister allerede under de britiske troppers fluktartede tilbaketog fra Norge, at Storbritannien på grunn av den endrede situasjon i Skandinavien nu var i stand til å flytte tyngdepunktet av sin flåte til Middelhavet, og at engelske og franske enheter allerede var på vei dit. Middelhavet blev nu midtpunktet for den britiske og franske krigspropaganda. På denne måte skulde man dels både overfor verden og overfor sine egne folk skjule det nederlag, man hadde oplevet i Skandinavien og det store prestisjetap man hadde lidt, dels skulde man på denne måte skape et skinn av, at Balkan var utsett til den næste krigsskueplass mot Tyskland.

Men i virkeligheten tjente denne synbare flytning til Middelhavet innen den fransk-britiske politikk et helt annet formål: Det dreiet sig ikke om noget annet enn en skinnmanøvre i stor stil for å villede Tyskland om den egentlige retning av det næste fransk-britiske angrep. Det har nemlig i lang tid været den tyske regjering bekjent at Englands og Frankrikes sanne mål er et omhyggelig forberedt og nu umiddelbart forestående angrep på Tyskland i vest, hvor man skulde gjøre et fremstøt over belgisk og hollandsk territorium mot Ruhr-området.

Tyskland har anerkjent og respektert Belgiens og Nederlands integritet under den selvfølgelige forutsetning, at disse to land i tilfelle av en krig mellem Tyskland og Storbritannien—Frankrike, vilde bevare den strengeste nøitralitet. Belgien og Nederland har ikke opfylt denne betingelse. De har derimot hittil prøvet å bevare det ytre

lands motstandere i krigen og støttet deres planer.

På grunn av det materiale som den tyske regjering er i besiddelse av, og særlig ut fra de valgte innberetninger fra den tyske innenriksminister av 29. mars 1940 og overkommandoen for forsvarsmakten av den 4. mai 1940 fastslår den tyske regjering følgende:

1. Siden krigen brøt ut har den belgiske og hollandske presse overgått selv de britiske og franske aviser i fiendtlige utfall mot Tyskland. Denne holdning har de inntil idag ikke endret til tross for stadige forestillinger fra den tyske regjerings side. I tillegg til dette har ledende personligheter i begge lands offentlige liv i de siste måneder i stigende grad gitt uttrykk for den opfatning at Belgiens og Nederlands plass er ved Englands og Frankrikes side. Mange andre foreteelser i Belgiens og Nederlands politiske og økonomiske liv understreker ytterligere denne tendens.

2. Nederland har i forbindelse med belgiske myndigheter under det mest flagrante brudd på sine mest primitive nøitralitetsplikter bengitt sig til å støtte de forsøk som det britiske Secret Intelligence Service har gjort for å få istand en revolusjon i Tyskland. Den organisasjon som Secret intelligence Service har oprettet på hollandsk og belgisk område kunde glede sig over den mest vidtgående understøttelse fra hollandske og belgiske myndigheter, helt op i embedsverkets og generalstabens høieste kretser.

Denne organisasjon hadde ikke noget annet mål enn med alle midler å skaffe bort føreren og den tyske regjering og innsette en regjering i Tyskland som var villig til å gjennemføre opløsningen av Tysklands enhet og gå med på dannelsen av en avmektig føderativ tysk stat.

3. Den belgiske og den hollandske regjerings forholdsregler på det militære område taler et ennu tydeligere sprog. De gir det ugjendrivelige bevis for den sanne hensikt med den belgiske og hollandske politikk. De står videre i den skarpeste motsetning til alle erklæringer fra den belgiske og hollandske regjering om, at en utnytting av deres territorium som gjennemmarsjland eller som operasjonsbasis til lands, til sjøs eller i luften vilde bli hindret med alle midler til alle sider.

4. Således har f. eks. Belgien utelukkende befestet østgrensen mot Tyskland, mens det ikke har anlagt nogen befestninger ved sin grense mot Frankrike. Gjentatte og inntrengende forestillinger fra den tyske regjering

Narvik gjenerobres

I Narvik-området var det kamper i flere uker. Tyskerne hadde landsatt 2000 veltrente alpejegere under general Dietls ledelse. Da de tyske jagerne ble senket på havna, sluttet mannskapene seg til Dietls styrker. Dermed hadde han 4000 mann under sin kommando.

Den norske øverstkommanderende i Nord-Norge, generalmajor Carl Gustav Fleischer, hadde fått tid til å mobilisere styrkene i landsdelen. Han klarte å stoppe tyskerne ved Gratangen 13. april og gikk til angrep mot tyske styrker i Gratangsdalen 24. april. Det var et voldsomt uvær den dagen, men tyske styrker gikk til overraskende motangrep. Omkring 100 mann falt.

Franske alpejegere hadde nådd fram til Narvik og rykket sørover de første dagene i mai. Britiske krigsskip hjalp også til. En polsk brigade kom til Harstad, hvor de allierte hadde opprettet hovedkvarter. Polakkene ble sendt til Ofoten. I begynnelsen av mai var det om lag 25 000 soldater fra Frankrike, Storbritannia og Polen i Ofoten-Narvik-området, i tillegg til den norske styrken på ca. 5000.

Lenger sør i Nordland kjempet britiske og norske styrker for å hindre tyskerne i å nå fram til Narvik med forsterkninger. Det lyktes ikke å stoppe dem helt.

Hovedangrepet mot Narvik ble satt inn natt til 28. mai. Britisk, fransk og norsk artilleri startet opp med et heftig bombardement. En fransk-norsk styrke satte over Rombaken fra Øyfjord til Narvik-halvøya. Tyskerne, med sine trenede soldater, hadde forskanset seg bra i terrenget og gjorde betydelig motstand.

Polske styrker gikk samtidig til angrep mot Ankenes. Også der kom det til kraftige trefninger.

Ut på ettermiddagen 28. mai rykket

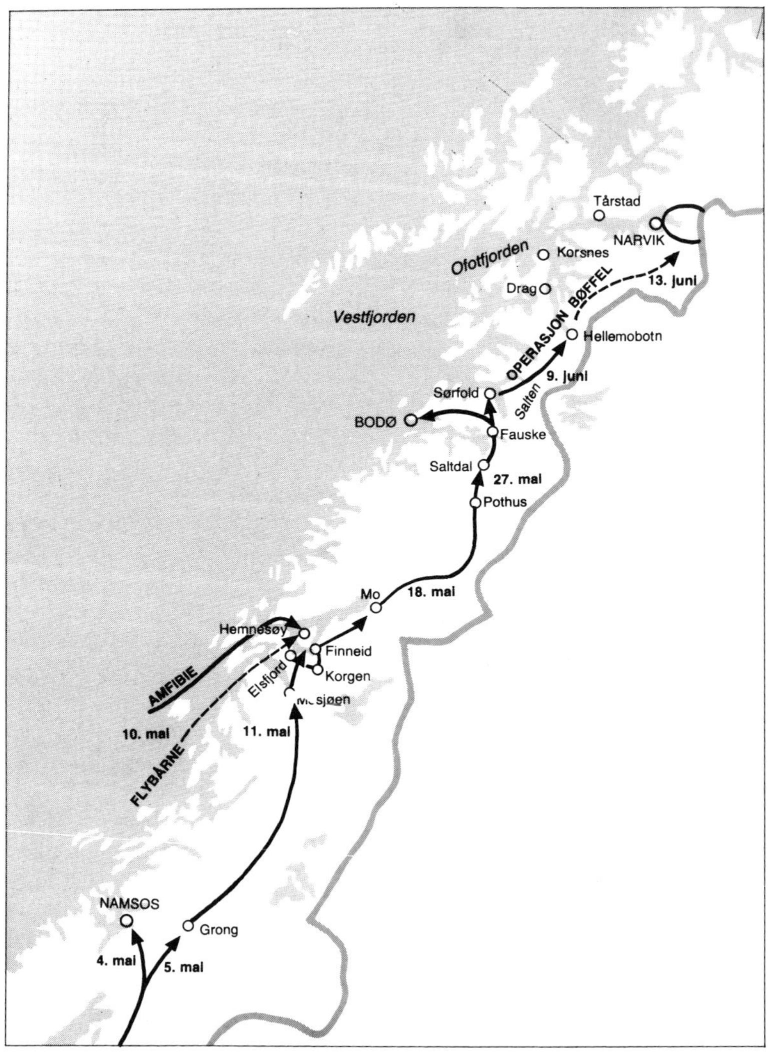

Over: Den tyske frammarsjen i Nord-Norge. (Fra Norge i krig, bd. 1, Aschehoug 1984.)

(Foto: Arbeiderbevegelsens Arkiv og Bibliotek)

(Foto: NTB)

Flere norske byer og tettsteder ble sterkt ødelagt av tyskernes bombing i april og mai. Her ser vi de sørgelige restene av Steinkjer (til venstre), Namsos (til høyre) og Bodø (under) etter tyskernes nådeløse bombing.

(Foto: NTB)

Løssalg: 15 øre.

Lofotposten

— HELE NORD-NORGES AVIS —

Nr. 123 | Grunnlagt av Joh. E. Paulsen. | Svolvær torsdag 30. mai 1940. | Redigert av Johan A. Paulsen. | 45. årg.

På norske hender igjen.

Dagens store begivenhet er gjenerobringen av Narvik. Norske og allierte styrker har natt til onsdag besatt hele byen og tatt Taraldsvikfjell, og der foregår videre opprydding østover langs jernbanen og syd for Narvik.

Narvik har vært i tyskernes besiddelse helt fra det tyske overfall den 9. april. Til tross for at byen måtte sies å stå godt forberedt til å møte et innfall, og iallfall med stort hell ganske sikkert i lang tid vilde ha motstått angrep, falt byen i tyskernes hender takket være femte kolonne-mannen, oberst Sundlos forræderi. Det var et tungt og bittert slag å erfare at vi innen våre egne rekker hadde menn som gikk en fiendtlig nasjons ærende. Men fra samme øieblikk stålsattes også viljen til kamp både mot ytre og indre fiender. Idag er det vel forberedte og omhyggelig planlagte angrep på Narvik kronet med hell. Hakekorset er strøket. Det norske flagg vaier igjen der det skal. Forræderen Sundlos verk er smuldret op. Hvor er han selv idag, og hvilke tanker har han?

Spenningen om Narvik har efter syv lange ukers forløp fått sin utløsning. Det skal efter hvert bli mulig å få full oversikt over hvad som er hendt der inne under det tyske voldsherredømme. Vi vet av flyktningeberetninger at forholdene ikke har vært hyggelige, men under hvilke tilstander befolkningen har levet de siste avgjørende dager vet vi ennu ikke. Vi kan tenke oss til litt av hvert. Foreløbig har vi dagens meldinger om de avsluttende operasjoner før byens gjenerobring å holde oss til. Øienvidner forteller at det har vært en forferdelig natt da de allierte tok byen tilbake. Mitraljøser og kanoner spillet op til en øredøvende konsert, bombene falt tett fra de tyske fly og luftvernskytset var i livlig og ustanselig virksomhet. Men skritt for skritt, systematisk og sikkert, blev de tyske stillinger fordrevet inntil byen var fullstendig renset.

Gjenerobringen av Narvik er en militær bedrift og en seier som nettop i disse dager får veldig moralsk betydning. For byens befolkning har det vært fryktelige tider, frykteligere enn det er mulig for noen som ikke selv har vært oppe i det å forestille sig. Men måtte friheten nu gi erstatning for de trengsler, den terror og hervepåkjenning befolkningen har vært tynget under. Det er glede i Norge over den verdifulle gjenerobring, stolthet over våre gutters modige innsats og medfølelse med dem som i angst og spenning har fulgt krigens blodige skuespill like utenfor stuedøren.

Fra Vestfronten er meldingene idag dystre. Situasjonen såvel for de franske som de britiske tropper er ytterst alarmerende. Engelske og franske kommentarer til stillingen legger ikke skjul på stillingens mørke alvor. Det har i Flandern ikke vært mulig for de allierte tropper å holde sine stillinger, og de trekker sig nu tilbake mot sjøen for å oprette en forsvarslinje der. Stunden er svart, sa understatssekretæren i det britiske informasjonsdepartement. I det hele preges meldingene idag av det dypeste alvor og bekymring. Engelskmennene forberedes på at tyske tropper kan bli landsatt på engelsk jord, men det blir samtidig fremhevet at det ikke er noen grunn til å tape motet. Franske og engelske stridskrefter står ennu i full aksjon på post og utfører et overmåte dyktig både forsvars- og angrepsarbeide. Nu venter en å høre hvordan general Weygands slagplan skal utvikles.

Kommende dagers krigsoperasjoner på Vestfronten vil bli fulgt med voldsom spenning. Det er kommet til et kritisk punkt. Hele den demokratiske verdens skjebne avhenger av begivenhetens utvikling på Flanderns sletter.

Narvik gjenerobret av de norske og allierte tropper.

Voldsom kanonade under den siste avgjørende kamp. — Brandbombene haglet ned over byen fra de tyske fly.

Der opstod brander i byen, og røksøilene stod som popler rett op i solskinnet. Men skaden efter bombardementet er forbausende liten.

Kommunikè fra øverstkommanderende i Nord-Norge den 29. mai:

Ofotenavsnittet: Norske og allierte styrker har natt til onsdag besatt hele Narvik og tatt Taraldsvikfjell. Oprydning pågår lengere østover langs jernbanen og syd for Narvik.

Fra Sør-Hålogaland intet nytt.

Norsk Telegrambyrås korrespondent i Narvik telegraferer om gjenerobringen av Narvik:

To journalister, som var øienvidner, forteller om den forferdelige natt da de allierte tok Narvik tilbake. I dagene før hadde der hersket intens virksomhet med ordning av mattransporter, befordring av syke og kjøring av ammunisjon og den 27. mai lå der en spenning i luften. Rykter kunde fortelle at byen var tatt o.s.v. Men det blev ikke vanskelig å konstatere tidspunktet for byens gjenerobring. Klokken 23,30 natt til 28. mai seg store engelske krigsskib inn mot Narvik og begynte en voldsom kanonade. Alle hauger var spekket med luftvern. Norske og franske tropper lå på Øyjord, ferjestedet over til Narvik, og engelske jagere fløi i regelmessige cirkler over området for å speide efter tyske bombefly. På Narvik-siden lå tyskerne med massevis av mitraljøsestillinger. Vi så glimtene fra dem svarende fra krigsskibene og fra Øyjord og kunde iaktta hvordan det ene redet efter det annet blev stille bare for å komme igjen efter en stunds forløp inntil de tidde stille for alvor. Tyskerne forsvarte sig hårdnakket, sikkert i tillit til hjelpen fra luften, som ikke kom. Der opstod brander i byen og røken fra brandene la sig som en tung tordensky over byen og stengte litt for utsynet. Det var helt stille. Røksøilene stod som popler rett op i solskinnet og bredte sig langsomt ut. Vi er i midnattsolens land og klokken 24 skinnet solen på det øverste av røksøilene og krøp nedover til byen som lå fullt belyst.

Norske og franske tropper hadde innskibet sig på skøiter og lå bak en holme og ventet på ordre til landstigning. De norske tropper kom øiensynlig i kamp med tyskerne fra det øieblikk de satte foten på land. Tyskernes mitraljøser og kanoner spillet livlig op, men kanonene blev hurtig bragt til taushet så snart det blev kjent hvor de lå.

Vaktflyene over hodet på oss drog sin vei da tåken kom veltende ned over fjellsiden. Så kom der melding over telefonen om at 10 tyske bombefly var underveis i retning av Narvik. Meldingen gikk til vår flyveplass, men der var tåken tett som en vegg og flyene kom ikke op. Det første tyske fly som gikk til angrep kom mot et av krigsskibene og bommet. Luftvernskytset på alle haugene rundt hele fjorden og skibenes luftvernskyts spillet øieblikkelig op til en øredøvende konsert og de tyske fly blev tvunget op i ganske stor høide, men opererte deroppe temmelig uanfektet av all skytningen. Straks det blev for tett med sprengskyer der hvor de befant sig gikk de etpar hundre meter lenger ned og fortsatte kampen. De tyske bombefly sendte hele serier på 12 og 6 bomber ad gangen mot skibene. Sjøsprøiten stod himmelhøit og som en vegg efter alle nedslagene. Krigsskibene manøvrerte i full fart i sikksakk for å undgå bombene. Ett av de tyske fly satte efter en av de engelske jagere og sendte en serie av bomber nedover den, derefter bråsnudde det og var vekk over alle hauger da bombene nådde vannflaten ved siden av jageren. Vi kunde ikke iaktta noen treff på skibene, dertil var luftforsvaret for effektivt. Endel bomber falt også på land, på Øyjord-siden. Tilslutt strødde flyene brandbomber over hele Øyjord. Det virket som om de kastet overbord alt hvad de hadde og det haglet med brandbomber og sprengstykker fra luftvernskytset. Efter gode tre timers kamp gav flyene op og forsvant. Skaden efter brandbombardementet var forbausende liten. Av de civile, som var i byen, blev bare fire såret og en drept. De civile hadde søkt tilflukt i bombesikre rum og i kjellere i de indre bydeler.

Fra London meldtes igår:

Vi har mottatt en melding om at Narvik blev erobret igår kveld av allierte styrker. Det britiske flyvevåben har antagelig hatt en hånd med i spillet.

Krigsministeriets kommunikè igår kveld fortalte at flere tyske fly var ødelagt av britiske jagere i Narvik-området. Tyskerne har holdt Narvik siden 9. april, den dag da angrepet på Norge blev satt iverk.

Erobringen av Narvik er en bedrift som alle nordmenn med rette kan være stolt av. Kjempende side om side med de franske og britiske og polske styrker har de vist stor beslutsomhet og uforferdet mot. Medgangen ved Narvik er særlig opmuntrende nu da Storbritannia og Frankrike kjemper så hårdt på Vestfronten. Tiltross for den heroiske motstand de gjør der vil de allierte takket være deres herredømme på sjøen og deres stadig økende styrke i luften ikke la sig rokke fra å bruke all sin kraft også i felttoget i Norge.

Tysklands seier vil gjøre verden til et anarki.

U.S.A. må ta aktive skritt for å drive nazimorderne tilbake.

New York, igår.

Et av de mest innflytelsesrike aviser i Boston, Christian Science Monitor, går idag i en ledende artikkel inn for at De Forente Stater skal ta aktive skritt for å drive nazimorderne tilbake. Bladet trekker op et program i følgende 7 punkter:

1. Organisere og finansiere hjelp til flyktningene.
2. Opheve den lov som går ut på at det er forbudt å gi lån til stater som ikke har ordnet sine forpliktelser til Amerika. Både England og Frankrike har som bekjent ikke betalt hele sin krigsgjeld.
3. Påskynde leveransen av fly til de allierte.
4. Opheve de restriksjoner som hindrer amerikanerne i å melde sig som frivillige.
5. La det bli bygget og fraktet skib for å føre forsyninger til de allierte.
6. Tillate de allierte å betale for sine forsyninger med råstoffer som Amerika trenger om det skulde komme i krig.
7. Slutte med å sende varer gjennem Russland og Japan til Tyskland.

Avisen sier tilslutt at selv de nasjoner som ikke har noen selvstendig religion, ytrings- eller handlefrihet, kan ikke finne noen varig fred i en verden hvor diktatur og vold er det avgjørende. Hvis man virkelig mener det er mulig at nazistene kan seire, så er det innlysende at der vil bli tatt øieblikkelige forholdsregler for å styrke frihetens sak. Tysklands seier vilde gjøre verden til et anarki.

Små, hurtiggående tyske torpedobåter.

London, idag.

Den tyske flåte har begynt å bruke små, hurtiggående båter utstyrt med torpedoutskytningsrør, antiluftskyts og maskingeværer til å operere med i kanalen og munningen av Themsen. De skal ødelegges, eller i det minste skamfere britiske skib og hindre skibene i å komme frem til London, fortalte kontreadmiral von Lissow i sin ukentlige radiotale igår kveld, heter det i en Reutermelding fra London til N.T.B.

von Lissow sa at tyskerne nu har et stort antall slike båter. De skal operere i samarbeid med alle andre grener av de tyske krigsstyrker.

Utsikt over Narvik.

Situasjonen på Vestfronten ytterst alarmerende.

Umulig for de britiske og franske tropper å holde stillingen i Flandern.

Tilbaketrekning til sjøen med forsøk på å holde en forsvarslinje der.

Store tyske tap.

Paris, igår.

Det franske kommunike i formiddag melder: Våre tropper i nord kjemper med beundringsverdig tapperhet mot voldsomme fiendtlige angrep. På grunnlag av pålidelige meldinger kan man slå fast at fienden hadde særlig store tap under kampene igår og inatt. Ved Meuse og Aisne har de franske tropper foretatt vellykkede lokale fremstøt. Fiendtlige angrep sydvest for Chateau Porcien blev slått tilbake. Øst for Aisne hendte der ikke noe av betydning inatt.

Belgiske tropper kan ikke bebreides.

Reuters militære medarbeider skriver at franske og britiske militære er enige om at ansvaret for den belgiske hærs kapitulasjon ikke faller på de belgiske tropper og at man ikke kan rette noen bebreidelser mot dem. Tyskerne har i de siste 14 dager med særlig voldsomhet kastet sig mot den del av fronten som blev holdt av belgierne. Av den samlede belgiske styrke, som utgjorde 16 divisjoner, eller 800 000 mann, var det bare 300 000 mann igjen da det blev gitt ordre om å legge ned våbnene. De allierte tropper i Flandern som står under ledelse av general Blanchard er blitt hårdt rammet og de skal ha hatt meget store tap.

Situasjonen på Sommefronten uklar.

I middags blir det meldt fra Paris at ifølge autoritative kilder var situasjonen på Somme-fronten uklar i formiddag. Der føres en [illegible] hefti[g] kamp med heftige træfninger [illegible]

I de fleste sektorer av fronten mellem allierte og fiendtlige styrker som er blandet om hverandre. Helt til igår kveld holdt franskmennene ut ved Calais. Duncerque er blitt voldsomt bombet, men er ikke direkte truet.

Stillingen kan umulig holdes.

Situasjonen for de britiske og franske tropper som er igjen er meget alvorlig. Det er helt umulig for dem å holde sine stillinger. De står nu i possisjoner, som næsten fra ethvert synspunkt er uholdbare. Hadde de villet forsøke et gjennembrudd sydover mot Somme måtte de ha lagt tilbake sine siste forsyninger samtidig som et fremstøt mot Arras vilde ha vært et fortvilet foretagende da man ikke kjenner størrelsen på de tyske styrker i dette område. Sannsynligvis har man forkastet denne plan som ikke gjennemførbar. Det er derfor bare en ting å gjøre, å trekke sig tilbake til sjøen og forsøke å holde en forsvarslinje på tross av fiendens bombefly. Duncerque er ennu i de allierte hender og franske og britiske fly lager en sperreild av bomber for å beskytte troppene.

Hvad blir Weygands aksjon?

Fra et militært synspunkt er situasjonen nu meget ufordelaktig bortsett fra at hvis troppene bevarer sin moral og fortsetter kampen kan det ofte hende det utrolige. Det er umulig å spå noe om Weygands aksjon sydfra, men han har flere veier å velge mellem som raskt kan skape vanskeligheter for fienden. Tyskerne har utvilsomt store vanskeligheter med de allierte flyoffensiv som forstyrrer dem sterkt.

Situasjonen utvikler sig raskt.

I den tyske fremstilling i formiddag heter det at den militære situasjon i Nord-Frankrike utvikler sig raskt efter at belgierne har kapitulert. Det blir hevdet at et fransk forsøk på avlastningsoffensiv i syd ikke er lykkedes og at det britiske ekspedisjonskorps vil forlate Belgias kyst på samme måte som engelskmennene forlot Sør-Norge efter at dets stilling har vært håpløs allerede i flere dager. Det sies imidlertid på tysk side at kampene i de siste dager har vært overordentlig hårde, og at tyske tropper har møtt forbitret motstand og at seieren i Belgia har krevet den største innsats.

Den tyske presse er også idag helt preget av kong Leopolds kapitulasjon.

Kong Leopolds kapitulasjon.

Den belgiske regjering har underrettet guvernøren i Belgisk Kongo om at han ikke skal ta hensyn til kong Leopolds ordre om kapitulasjon.

Den belgiske ambassadør i Washington har sendt ut dette kommunike til pressen:

Vi må, som Churchill sier, vente med vår dom om kapitulasjonen inntil vi har fått mer fullstendige oplysninger. Imidlertid må vi huske på at den belgiske hær kjempet i 18 dager uten et øieblikks pusterum og den første linje blev aldri brutt. Fra begynnelsen var hærens bevegelser lammet av hundretusener av civile flyktninger. Videre blev den belgiske hær ved sin retrett avskåret fra sine forsyningsbaser.

Kampene i Flandern.

Uten å la sig skremme av kong Leopolds overgivelse kjemper de britiske styrker i Belgia en voldsom kamp og det kan ikke være tvil om at det nuværende slag i Flandern vil nevnes blandt de beste bedrifter som noensinne er utført av britiske våben.

Det blir oplyst i eftermiddag at de britiske tropper har trukket sig tilbake noen kilometer mot kysten, men deres kamp fortsetter og deres mot er urokket, efter over 14 dagers uavbrutt kamp. De franske tropper kjemper side om side med de britiske og de allierte styrker får kraftig hjelp av de britiske og franske flyvere, som har kastet ned et regn av bomber og har gjort meget for å dempe det tyske press.

Dyp sorg og skuffelse.

Fra Vatikanbyen meldes til N.T.B. gjennem Reuter at kong Leopolds kapitulasjon har gjort et dypt inntrykk i Vatikanet. Det faktum at den tapre belgiske hær måtte legge ned våbnene har vakt så meget mer harme som man i Vatikanet hadde vært stolt over at det katolske Belgia gjorde sin del i kampen mot en nasjon som er en fiende av katolisisme og frihet.

Den polske regjering har vedtatt en resolusjon hvori det heter at regjeringen som hyldet kong Haakon og dronning Wilhelminas holdning da Norge og Nederland blev utsatt for de hårdeste prøvelser, idag deler den sorg som ulykkeligvis har rammet Belgia ved kongens frafall.

Englands og Frankrikes vilje og seighet vil stå for enhver prøve og den polske nasjon og arme forblir urokkelig ved de allierte side.

Avskyelige ugjerninger.

Som oplyst i morgenens franske kommunike har de allierte troppers faste beslutsomhet om å verge hver tomme jord, forårsaket veldige tyske tap. Og den forbitrelse, som de britiske og franske tropper kjemper med økes av de avskyelige ugjerninger som de har sett tyske flyvere utføre mot hjelpeløse civile flyktninger. Den følelse som nu behersker britiske offiserer og menige er raseri mot tyskerne og en fast vilje til å slå motstanderen til siste slutt.

En virkning av det store slag i nord er at franskmennene har vunnet verdifull tid til å forsterke fronten ved Somme og Aisne. Den store ødeleggelse som er utrettet av de franske automatiske våben, som har tilføiet fienden meget store tap av døde og sårede er blitt bekreftet av fanger som er tatt av franskmennene. De fortalte at de tyske tap var så store at divisjonen måtte erstates av en ny.

I en Havas-melding fra Paris til N.T.B. heter det at på møtet idag av presidentene og andre tillitsmenn i det belgiske senat og kammer blev det vedtatt en uttalelse hvor det belgiske parlament stiller sig solidarisk med de allierte regjeringer. På møtet som blev holdt i Paris var mange medlemmer av det belgiske parlament tilstede. Kongens konstitusjonelle stilling og regjeringens stilling vil bli avgjort i parlamentets møte fredag.

I en melding fra London heter det at mens belgierne gikk til legasjonen i London for bli innskrevet til militærtjeneste, blev det idag meddelt at den belgiske ambassadør i London hadde svoret troskap til den belgiske regjering, som nu er i Paris, og ambassadøren vilde fortsette sitt arbeide som rådan.

Stunden er svart.

Avisen News Chronicle gir en kort oversikt over situasjonen i følgende: Stunden er svart, men vi er ikke redde. Vi skal møte den nye utfordring til vår motstandskraft med usvikelig mot og voldsomme anstrengelser. Aldri skal vi la øieblikkets uhygge svekke vår beslutsomhet nå den endelige seier. Sammen med Frankrike er vi civilisasjonens utsatte forpost i kampen mot barbariet og de store rov. Men over havet har vi nærmest hele verden med oss og fra denne verden, fra planeten Jorden, skal vi kjempe og stille i marken slike ressurser at den fullstendig vil utslette de onde makter som vi kjemper mot.

Tysk syn på stillingen.

I det tyske kommunike idag hevdes det ifølge melding fra Berlin at de franske troppers skjebne i Artois nu er beseglet. Deres motstand i området syd for Lille er brutt sammen, blir det påstått, og den britiske styr-

— Forts. på side 2 —

Til høyre: Tyske og østerrikske tropper møtte mange hindre under frammarsjen gjennom Nordland. Bildet viser en østerriksk stormtropp som forsøker å ta seg fram over en ødelagt bro.

Under kampene i Narvik i slutten av mai var det om lag 25 000 britiske, franske og polske foruten om lag 5000 norske soldater i området. Her er en norsk skipatrulje som deltok under slaget om Narvik. (Foto: NTB.)

Under: Polske tropper venter på materiell før de blir satt inn i kampen om Narvik.

norske og franske soldater inn i Narvik, og denne viktige innskipningsbyen var gjenerobret. Men det hadde kostet. 150 hadde falt i kampene, derav 60 nordmenn. 300-400 tyskere var blitt tatt til fange. For første gang under annen verdenskrig hadde tyskerne tapt et slag.

De allierte fortsatte opprenskningen i dagene som fulgte. Tyskerne gikk også til angrep. De bombet Narvik, og store deler av byen ble ødelagt. Bodø, hvor britene hadde sitt hovedkvarter, ble også bombet. Byen ble for en stor del lagt i ruiner.

På grunn av de store tapene de allierte hadde lidd i Frankrike, Nederland og Belgia, begynte de å trekke sine styrker ut av Nord-Norge. De ville ha soldatene sine hjem for å kjempe der.

Norske styrker fortsatte kampene alene i fjelltraktene ved Narvik. Alta bataljon, som hele tida hadde gjort en kjempeinnsats i det veiløse og ulendte terrenget og i Narvik, ville ikke gi opp. Tyskerne var så hardt presset at de enten måtte kapitulere eller ta seg inn i Sverige. Men i virkeligheten var krigen over. Kongen og regjeringen forlot Tromsø 7. juni, og 8. juni ble kapitulasjonsforhandlingene innledet. Tyskerne kunne igjen innta Narvik.

Ved midnatt 9. juni opphørte kampene. Norge hadde ført krig mot den tyske overmakten i vel 60 dager, lenger enn noen annen nasjon til da.

Narvik ble sterkt ødelagt under kampene i april og mai. (Foto: NTB.)

Demarkasjon eller eksil

Uten flystøtte, luftvern og materiell fra de allierte ville det være umulig for norske styrker å fortsette kampen. Regjeringen drøftet om den skulle forhandle med tyskerne om en demarkasjonslinje litt nord for Bodø. Sør for denne ville Norge være okkupert av tyskerne. I nord skulle norske myndigheter råde.

Den andre løsningen som ble diskutert, var at Kongen og regjeringen skulle bli med britene over til England og fortsette kampen derfra. Denne linjen seiret.

Om kvelden 7. juni la den britiske krysseren «Devonshire» ut fra Tromsø med Kongen, regjeringen og 70 andre sivile og militære om bord.

Kongen og statsminister Nygaardsvold sendte ut en proklamasjon til det norske folk. Kampen innenlands måtte oppgis, men den skulle fortsettes utenfra.

General Ruge ble etter eget ønske igjen i Norge, og førte kapitulasjonsforhandlingene. 9. juni klokka 24 var kapitulasjonen et faktum. I sin takk til de norske styrker før våpnene ble nedlagt, uttalte general Ruge: «Men krigen fortsetter på andre fronter – nordmenn er med i striden der.»

Over: Den vonde dagen: 7. juni 1940. Kongen forlater norsk jord og går om bord i «Devonshire» for å dra til England. Felttoget i Norge var slutt, men krigen skulle fortsette og bli ledet fra England. (Foto: NTB.)

Til venstre: General Ruge i samtale med stortingspresident C. J. Hambro en av de siste dagene før regjeringen forlot Tromsø. (Foto: NTB.)

Proklamasjon

til det norske folk

fra

Kongen og Regjeringen.

Stortinget uttalte i sitt siste møte den 9. april at Norges regjering måtte holdes fri og uavhengig under alle vilkår om den så for dette formål skulle måtte flytte utenlands. I samsvar dermed ble det vedtatt i siste statsråd, 7. juni at konge, kronprins og regjering foreløbig skulle ta sitt sete utenfor Norge.

Fra statsråd ble utsendt følgende opprop:

Til det norske folket.

Kongen og Regjeringen har i dette øyeblikk sett seg nødt til å flytte sitt sete og sitt virke utenfor landets grenser.

Ved det brutale overfall som den tyske regjering uten varsel satte iverk, lyktes det for tysk hærmakt å sette seg fast i Norge og etter hvert legge den største del av landet under seg.

De allierte regjeringer som var i krig med Tyskland, — den britiske, franske og polske regjering, — kom høysinnet Norge til hjelp med mannskap og med våpen, og inntil nå har det vært mulig å bevare en del av landet for dets lovlige nasjonale regjering.

Men krigens harde nødvendighet har tvunget de allierte regjeringer til å samle all sin styrke til kampen på andre fronter, og de har fullt bruk for alle sine folk og alt sitt materiell på disse frontene.

Under disse vilkår er det umulig å holde kampen oppe her i landet mot en overmakt som den tyske. Vår forsvarsstyrke som har kjempet med mot og tapperhet i to måneder, mangler det nødvendige krigsmateriell, særlig amunisjon og kampfly, og kan ikke lenger få det. Fortsatt kamp ville bare føre til fullstendig ødelegging for de landsdeler som enda er frie. For tyskerne sparer i sin krigsførsel likeså lite de fredeligste byer og bygder som de militære motstandskrefter.

Forsvarets overkommando har derfor rådd kongen og regjeringen til forelobig å oppgi kampen innenlands. Og kongen og regjeringen har funnet det som sin plikt å følge dette råd. De flytter derfor nå ut av landet.

Men de oppgir derfor ikke kampen for å gjenvinne Norges selvstendighet. Tvert imot — de vil holde fram med den utenfor landets grenser.

De har det faste håp, at de tyske overfallsmenn snart skal bli tvunget til å gi fra seg sitt bytte, og at det norske folket — sammen med andre folk som nå lider under tysk underkuing — atter skal få sin rett og sin frihet.

Norges konge og Norges regjering vil i denne kampens tid være de frie talsmenn for det norske folks nasjonale krav. De vil så langt som det er gjørlig oppretthol-de det norske rikes selvstendige liv, således at ingen av de rettigheter som tilkommer en fri stat, skal bli forspilt. Det vil være deres oppgave å verne om landets og folkets politiske rettsgrunnlag, sa vårt fedreland i seierens stund med myndighet kan tre fram og hevde sin nasjonale frihet.

Det norske stortings president står sammen med konge og regjering i denne kamp.

Like ens sjefene for Norges hær og orlogsflåte.

Og til stadfestning på at regjeringen vil være en regjering for hele det norske folk uten omsyn til gamle partigrenser, har den i dag styrket seg ved utnevning av nye statsråder av ulike partier.

Vi takker alle som i denne tiden har gjort sin plikt mot fedrelandet og kjempet for dets frihet, og vi samler oss i en maning til det norske folk om framdeles å holde håpet og motet levende i seg gjennom all kuing og trengsel. Vi er visse på at ingen nordmann vil svikte vår frihets sak. Vi roper bare til dere alle: Hold ut i troskap mot vårt dyre fedreland.

Vi som sender dette ropet til dere i den stund vi er nødt til å forlate Norges grunn, vi er bestemte på å sette alle våre krefter, vårt liv og alt vi eier, inn for Norges sak. Vi tror på at vi snart skal få komme tilbake til et fritt og selvstendig Norge, og vi håper vi skal kunne gjøre det med ære. Den tanken som skal bære all vår gjerning der ute, og som vi vet vi har sammen med alle som blir heime, den ligger i ordene:

Leve Norge! Alt for Norge!

Haakon.

Johan Nygaardsvold.

Fra Forsvarssjefen

kommanderende general

Otto Ruge.

Dere har hørt kongen og regjeringens proklamasjon. Motstanden i Nord-Norge skal opphøre, tiltross for at vi idag står ubeseiret her. Det er gjort for å spare denne landsdel for ytterligere ødeleggelse.

Soldater matroser og frivillige hjelpearbeidere i nord og sør:

Dere har gjort godt og trofast arbeid. Dere kan minnes med ære denne tiden. Takk alle sammen.

Norske kvinner og menn!

Det første avsnitt i vår strid for friheten er forbi, vi går en svart tid imøte nu, i et hærtatt land.

Men krigen fortsetter på andre fronter, nordmenn er med i striden der. Den dag kommer, da dere atter kan reise hodet. Vent på dagen, vent med ro og tillit. Gjør ikke noe uoverlagt som kan gi erobreren påskudd til repressalier.

Glem ikke den tiden da vi stred sammen med våpen i hånd, glem ikke dem som gav sitt liv i striden eller dem som falt som uskyldige ofre for flyangrepene. Vi som har stått sammen i striden har lovet hverandre at vi ikke skal gi oss før vi atter kan heise vårt frie norske flagg som frie kvinner og menn.

Dette løfte vil bli holdt, kanskje ikke av meg som må regne med heretter å være i erobrerens makt. Men de som fortsetter striden utenfor Norge og dere som er unge vil innfri løftet når dagen kommer.

Hold ut og hold sammen til da, slik som dere har gjort det hittil. Vent og tro, og husk det gamle ordet:

Vår Gud han er så fast en borg.

Forsvarets overkommando, den 9. juni 1940.

Otto Ruge,
forsvarssjef

Alle partier representert i Regjeringen.

I statsrådet den 7. juni ble bank sjef Arne Sunde og landbruksutsending, gårdbruker Anders Fjeldstad utnevnt til statsråder.

Sunde tilhører som kjent venstre, Fjeldstad, bondepartiet.

Av høire er fra før stortingsmann, major Sven Nielsen, medlem av regjeringen.

Dette folk vil ikke dø

Da general Ruge kom til Tromsø i mai 1940, ga han denne karakteristikken av kampene og de menneskene han hadde møtt under kampen mot overmakten:

«Tenk på hvilken hær dette faktisk var! Fra Oslo strømmet f.eks. hundrer av menn til som ikke kunne mobiliseres fordi tyskerne stod i byen. De samlet seg under en eller annen tilfeldig befalingsmann og vokste til et «kompani». De traff andre, lignende flokker fra andre kanter av Østlandet, og ble til en «bataljon» under en eller annen offiser, som tok kommandoen. Tilfeldig samlet i ett og samme kompani: infanterister, artillerister, matroser, flygere, provisorisk utrustet med biler og sjåfører som de hadde fått gud vet hvorfra – dette ble så litt etter litt våre stridskrefter. Intendanturavdelinger ble improvisert og sørget for proviant. Bondekonene kokte mat og sørget på annet vis for soldatene. Sanitet hadde vi til å begynne med slett ikke. Det sprang opp av jorden under ledelse av energiske og initiativrike leger. Jeg husker et sykehus som jeg besøkte i Gudbrandsdalen. Det var fullt belagt og ganske bra utstyrt. Sjefen fortalte at han hadde startet 14 dager tidligere på et veikryss ved Eidsvoll, sivil og med en eske globoid i lommen. Flittige hender, initiativ og arbeidsglede hadde gjort resten.

Jeg minnes Dombås jernbanestasjon, som hver dag ble bombet og ødelagt, hvor jernbane- og telegraflinjen hver dag ble brutt, men hver natt igjen reparert av de samme utrettelige menn. Uten søvn og med livet i hendene utførte disse menn sin oppgave, navnløse og ubemerkede, men aldri skal de bli glemt av noen av oss som så dem. Jeg minnes militærarbeiderne, som fikk gevær i hånd for første gang den første natten på Midtskogen og som stanset tyskerne der, – selv forbauset over å være soldater. Jeg minnes de seige opplandske dragoner som dekket engelskmennenes tilbaketog ved Tretten helt til de selv bukket under for tyskerne. Jeg minnes det «Sørkedalske skiløperkompani», flyktninger fra Oslo som hadde truffet hverandre i Nordmarka på vei nordover, og plutselig dukket opp som en hard, sammensveiset flokk.

Jeg minnes våre flygere, som smøg seg fram med sine gamle Fokkere og Moth'er, forbi og innimellom de hurtiggående tyske flyene, alltid rede til å ta hvilken som helst risiko. Videre 4. brigades fire dagers blodige, selvoppofrende kamp ved Tonsåsen, en strid som bandt store tyske styrker og dermed lettet stillingen i Gudbrandsdalen, mens de engelske troppene ble landsatt i Romsdalen. Hegra – et gammelt nedlagt fort – som holdt stand en måned med en tilfeldig besetning av menn som hadde samlet seg der og som ikke ville gi seg. Jeg minnes mine «reisende» offiserer, som hver dag ble sendt dit hvor det mest knep, alltid i ilden hvor det var farligst. Høyskolestudentene fra Trondheim som arbeidet som frivillige i Sør-Trøndelag. Den gamle drosjesjåføren som tilfeldigvis kom til å kjøre meg første dagen, og som siden ble hos oss, og lå etter veiene dag og natt i mitraljøseild og bomberegn, alltid like blid, alltid like stø på rattet.

Jeg minnes de rømte gymnasiastene som gjorde ordonnanstjeneste, og alle de tapre kvinnene som fulgte oss som sykepleiersker, telefondamer og lotter: en natt i en bombet lottestasjon, en ung pike i skibukser som ekspederte telefonsamtaler i en brennende telefonstasjon, osv.

Og jeg sier til meg selv: La gå at mye kunne vært gjort bedre, at noen sviktet som vi kunne ventet mer av, at mange viste at de ikke var innstilt på krig. Men tross alt: i disse ukene vokste min tro på vårt folk, på offerviljen og seigheten, på troen og tilliten. Jeg har truffet samme vilje og tro her nord, både blant dem som hører hjemme her og blant dem som er kommet sørfra for å fortsette striden.

Jeg har sett at dette folk ikke vil dø.

Da jeg forlot mitt siste kvarter der sørpå, og sa farvel til den brokete flokk som hadde hjulpet meg, var det en gammel telegrafarbeider som sa til meg:

– Dere kommer vel igjen?

– *Ja, vi kommer igjen.*»

Tapene

Tyske tap:
Krysseren «Blücher»
Lettkrysseren «Karlsruhe» – senket av britisk ubåt
Lettkrysseren «Königsberg» – senket av britiske fly på Bergen havn
10 jagere
8 ubåter
Noen mindre marinefartøyer
Om lag 20 transportskip
Flere fartøyer skadet, bl.a. to slagkryssere, ett lommeslagskip og to kryssere.
Mellom 4000 og 5000 soldater falt, hvorav mellom 1300 og 1600 til lands og 2400 under transport
Om lag 240 fly

Britiske tap:
1900 døde, sårede og fanger til lands
2500 døde, sårede og fanger til sjøs
Britene mistet også fartøyer og fly

Franske og polske tap:
500 soldater

Norske tap:
853 falne under kampene og like mange sårede
185 sivile drept
Store ødeleggelser etter tyske bombeangrep i Elverum, Åndalsnes, Molde, Kristiansund, Steinkjer, Namsos og Bodø
Skader etter kampvirksomhet flere steder, bl.a. i Narvik
4000 bygninger ødelagt og 10 000 skadd
300 broer ødelagt

Litteratur

Sven T. Arneberg og Kristian Hosar: Vi dro mot nord. Aventura 1989

Bjørn Bjørnsen: Det utrolige døgnet. Gyldendal 1977

Bjørn Bjørnsen: Narvik 1940. Gyldendal 1980

Theodor Broch: Fjellene venter. Gyldendal 1946

Chr. A. R. Christensen: Vårt folks historie IX, Aschehoug 1961

Generalmajor Bjørn Christophersen: 9. april 1940 (hefte)

Kjell Fjørtoft: Mot stupet. Norge inn i krigen. Gyldendal 1989

Forsvarets krigshistoriske avdeling

Ole Kristian Grimnes: Norge i krig, bind 1 – Overfall. Aschehoug 1984

Ole Kristian Grimnes: Veien inn i krigen. Aschehoug 1987

Johan Hambro: C.J. Hambro – Liv og drøm. Aschehoug 1985

Andreas Hauge: Kampene i Norge 1940. Dreyers Forlag 1978

Andreas Hauge: Valdres 1940. Forsvarsmuseet 1986

P.Ø. Heradstveit: Kongen som sa NEI! Hjemmenes Forlag 1979

Innstilling fra Undersøkelseskommisjonen av 1945. Utgitt av Stortinget 1946 (Aschehoug)

Halvdan Koht: Frå skanse til skanse; minne frå krigsmånadene. Tiden Norsk Forlag 1947

Halvdan Koht: Norsk utanrikspolitikk fram til 9. april 1940. Synspunkt frå hendingstida. Tiden Norsk Forlag 1947

Krigens Dagbok. Norge 1940-1945. Forlaget Det Beste 1984

Trygve Lie: Leve eller dø; Norge i krig. Tiden 1955

Johan Nygaardsvold: Norge i krig 9. april – 7. juni 1940. Tiden Norsk Forlag 1982

Rapport fra den militære undersøkelseskommisjonen av 1948. NOU 1979:47

Olav Riste: London-regjeringa. Forsvarets krigshistoriske avdeling 1973–79

Otto Ruge: Felttoget. Erindringer fra kampene april-juni 1940. Aschehoug 1989

Magne Skodvin: Som seilene fylles av stormen. Gyldendal 1982

Dag Skogheim og Harry Westrheim: Alarm. Krigen i Nordland 1940. Tiden Norsk Forlag 1984